人として賢く生きる

運命を拓《ひら》く真実の信仰観

大川隆法
RYUHO OKAWA

まえがき

本書では、あたり前のことをあたり前として書いた。四十年近い体験の結果、人間は霊界からこの世に生まれ変わり、また霊界に還《かえ》っていくということは真実である。学問としての医学や仏教学、宗教学が何といおうとも、人生をこの世限りに限定する権能《けんのう》はないし、また、それは「真理」でもない。

宗教的、哲学的真理は世の多数決だけで決まるものでもない。選挙民に選ばれたとしても、国会で法律で決められるものでもない。

中国を見よ。唯物論・無神論の国是《こくぜ》で、法律をつくり、法治国家を名乗っても、ことごとく神仏の心に反している。

一方、日本人の信仰観の中にも、整然としていない異物《いぶつ》がまぎれ込んでいる。これを洗浄《せんじょう》しない限り、欧米を超えるのは難しかろう。本書が新しい智慧の書ともなろう。

二〇二〇年　十一月十七日

幸福《こうふく》の科学《かがく》グループ創始者兼総裁《そうししゃけんそうさい》　大川隆法《おおかわりゅうほう》

人として賢く生きる　目次

第1章　人として賢《かしこ》く生きる

二〇一八年五月二十四日　説法《せっぽう》
幸福の科学 特別説法堂にて

第2章　人間の運命について

二〇一八年五月二十九日　説法
幸福の科学 特別説法堂にて

7　「運命の支配者」となるための「縁起《えんぎ》の理法《りほう》」　153

第1章

人として賢《かしこ》く生きる

二〇一八年五月二十四日　説法《せっぽう》
幸福の科学　特別説法堂にて

1　人間としての本当の賢《かしこ》さとは

数多くの霊的《れいてき》検証の結果から言える「真実」

本章では「人として賢《かしこ》く生きる」というテーマを出しましたが、それほど簡単なことではないと思います。そのため、本章に何もかもたくさん入れて、全部を説明するわけにはいきませんので、ここでは折々の考え方として、今、私が感じ、考えていること等の一部でもお伝えできれば幸いかと思います。

さて、宗教に身を置いていますと、世間《せけん》でのいろいろな出来事や価値観など、さまざまなものが多少違《ちが》うように見えることもよくあって、「このズレの部分をどう考えるか」ということについては、いつも困っています。ただ、この世の価値観というのは、多少、私たちが思っているものとは違います。

私は「人は天上界《てんじょうかい》からこの世に生まれてきて、人間として修行《しゅぎょう》をし、また、あの世に還《かえ》る」「人生として失敗であったら、死後、地獄《じごく》で修行することもあるけれども、反省が十分にできれば天上界に還ることもある」「自分の魂《たましい》は、実は単体でできているのではない。複合体というか、魂のすべてが一つの肉体に宿っているわけではなく、魂のほうが本体であるがゆえに、そのうちの一部が個性化して肉体に宿り、成長するのである」というような言い方をしています。

すでに、このあたりで分からなくなる人も出てはくるかもしれません。しかし、さまざまな霊的《れいてき》検証を数多く行《おこな》ってきた結果から、だいたい、そのようなあたりで間違ってはいないだろうと思います。

ここ三十数年ほど私はいろいろとやってきましたが、一つ言えることは、次のようなことです。

唯物論《ゆいぶつろん》的に探究することが、十九世紀、二十世紀、二十一世紀の科学的発展に関しては寄与《きよ》するところは確かにあったでしょう。迷信《めいしん》から離《はな》れ、科学的な考え方に基《もと》づいて、この世的に徹底《てってい》的に解剖《かいぼう》し探究することで、この世の中のテクノロジーやさまざまなツール・道具の開発をするとか、あるいは「生活の利便性を増す」という意味においては、貢献《こうけん》はあったと認めざるをえないとは思います。

ただ、「この世の世界がすべてである」と思うがゆえに、「この世のみの生存が便利になって、この世だけの生き方がユートピアをつくるかどうか」だけに焦点《しょうてん》を絞《しぼ》っていくなら、それは明らかに間違っています。

これは、結論としてはっきり言えることです。

「人生の最終結論」が間違《まちが》っている人は本当に賢いのか

もし、あの世の世界がないのであれば、例えば、死んだあとの人が迷って出てくることもなければ、死んだあと、菩薩《ぼさつ》や天使と呼ばれる方々が来て、霊言《れいげん》をすることもありません。

また、「守護霊《しゅごれい》」という言葉自体は昔からよく使われてはいますが、私は今のところ、幸福の科学のように「各人の守護霊」といったかたちで呼んで、「本の内容がつくれる程度まで話せる守護霊」というものを、はっきりと実証した例を知りません。

幸福の科学以外では、部分的にいろいろと名乗りながら出てきて話をしている霊が、何であるか分からない場合が多かったと思うのです。「守護霊」と言ったり、「守護神」と言ったり、「指導霊」と言ったり、いろんな言い方があったりすることもあるし、全部を「ご先祖様」にしてしまう場合もあったかと思います。あるいは、あの世から匿名《とくめい》で意見を伝えてくることもあったのだろうとは思います。

しかし、幸福の科学のように、これほど明確に、「各個人の守護霊というものが、魂のきょうだいと呼ばれるもので存在し、考え方を持っていて、肉体を持っている地上の本人にそうとう強力な影響《えいきょう》を与《あた》えている。操《あやつ》り人形とまで言えるかどうかは知らないけれども、かなりの影響を与えている」と教えているところはないでしょう。

また、守護霊を認めるような宗教でも、「守護霊は神様に近い絶対的なもので、その意見を受け入れさえすればよい」といった考えの宗教もありますが、私は、守護霊の「個性」や「能力の差」まで見抜《みぬ》いてきているので、「守護霊もまた神ではないのであって、地上の本人の延長上というか、源流的な考え方を持っている存在なのだ」ということは分かります。

「ただ、守護霊は地上の本人をなるべく霊的な面に導こうとしてはいるかもしれないし、本人自身が転落しないように、何とかしようと努力している」といったことは、だいたい分かっています。

ただ、ほかの人もまた、自分と同じような霊的な存在が肉体をまとって生きているのであり、それぞれ各人にも守護霊がついているので、ある人の守護霊の言っていることが、すべてに通用して正しいということではありません。

みなそれぞれに、「幸福に生きたい」「成功したい」と思ってはいますが、本人の力が及《およ》ばず、守護霊の力も及ばないで、大勢が生きていくなかで〝押《お》し合いへし合い〟しながら、自分の思ったとおりにいくか、あるいはそれからずいぶんズレた感じでいくか、いろいろな人生行路がありうるということです。そのように思います。

完全な唯物論やあの世を否定する考え方のなかにも、この世だけを改善したり進歩させたりする原理があるけれども、人生の結論として、「この世で死んだら終わりだ」という哲学《てつがく》というか、そうした考え方や宗教的信条を持って生きるならば、「死んだあとは、最終的に、ナイアガラの滝《たき》から落ちるような感じになるかもしれませんよ」ということです。

もし、ナイアガラの滝の所まで行って、そこで川が終わっていて、それで何もかもなくなると思っているのなら結構ですし、確かに、川はなくなったように見えるかもしれません。ところが、そこからあと、ドーンッと滝で落ちて、滝壺《たきつぼ》まで落ちて、「まだ下がある」ということになったら、やはり困るのではないでしょうか。

川が終わったら、「滝から落ちるか、そこから飛び立って空に上がるか」という選択肢《せんたくし》があるのを知らないということは、やはり、残念ながら「智慧《ちえ》が足りていない」ということです。

「この世的に頭がよいか悪いか」は、学校の勉強とかテストとかいろいろあるので、そういうもので測《はか》れるものはあるし、知能検査のようなもので測ることはできるけれども、こうした智慧については、人間がつくったテストで測れるものではありません。いくら、この世的に学校の勉強ができたとしても、「最終結論」を間違《まちが》っている人の場合、やはり、本当の意味で「賢い」とは言えないのではないでしょうか。

現代においても、まだ唯物論を国是《こくぜ》としている国家はあります。そういう国の大学などで、よい成績を取ったとしても、それは、「その国のルールや人間が決めたことのなかでは、他人《ひと》よりも暗記力や分析力《ぶんせきりょく》などは高い」のかもしれないけれども、「結論が間違ったもののなかに生きていたら、その人が本当の意味で賢いのかどうか」は、やはり何とも言えないところがあります。一部、この世においてはよいこともあるかもしれませんが、全体を間違った方向に導くかもしれないので、こうした「頭のよさ」でリーダーを選んだとしても、残念ながら、多くの人を迷わせる結果になるかもしれないわけです。

2　日本人のアニミズム的宗教観を見直す

日本の宗教が「未開の地の宗教」と同じように見なされたのはなぜか

また、「あの世がある」と認めている人であっても、あの世のなかのいろいろな霊《れい》存在の違《ちが》いや、筋《すじ》の違いが分からないために、むやみにすべてをよいものとして受け入れてしまうような考え方をすることもあります。

これについては、やはり、高等宗教とそうでないものとで考えが分かれているところはありますが、間違いの一つにはなりうるかもしれません。

例えば、先の第二次大戦での敗戦のあと、日本はGHQに占領《せんりょう》されて、日本の宗教が「未開の地の宗教」と同じように見なされた面もあったかと思います。

　その根拠《こんきょ》の一つは、動物霊のようなものをたくさん祀《まつ》ったり拝《おが》んだりしているようなところでしょう。日本には、蛇神様《へびがみ》や、狐《きつね》、狸《たぬき》、猿《さる》、犬などいろいろなものがいますが、そうしたものへの動物信仰《しんこう》をまだしているのは、南方の未開の地などとあまり変わらないのかもしれません。

　おそらく、古代人は、こうした信仰を持っていたであろうと思われています。遺跡《いせき》や遺物を見ると、体の強い動物などを神の化身《けしん》のように思ったりしていたものがあります。大きな力を持った動物等は、神のように、人間より体力的には確かに上のものもいますし、足が速かったり、牙《きば》や爪《つめ》が鋭《するど》く、凶暴《きょうぼう》だったりするものもいます。その人間を超《こ》えた力を畏《おそ》れて、信仰していたことがあります。

　人間はこうした動物に対して、道具をつくることによって対抗《たいこう》してきました。素手《すで》ではマンモスに勝てないけれども、槍《やり》をつくったりしました。槍の先は尖《とが》った石かもしれないし、鉄器ができていたかもしれませんが、そうした槍をつくったり、弓矢をつくったり、落とし穴をつくったりと、道具をつくることによって、人間の力では一対一で敵《かな》わないものでも生け捕《ど》り、獲物《えもの》にすることを考えてきたわけです。

あるいは、虎《とら》とかライオンとか熊《くま》とか、そういうようなものも人間よりは強いし、大きな大蛇《だいじゃ》や、あるいは、ワニとかそういうものも、強い存在として尊敬していた時代もあったと思うのです。

そういうことは、昔は各国に確実にあったものではありますが、現代においても動物信仰のようなものが残っているところは、「後《おく》れている」と見られたのではないかと思うのです。

進化の余地のあまりない「アニミズム的な宗教観」

先の敗戦によって、日本の宗教にややメスが入り、国家神道《しんとう》的な一神教を、どちらかといえば否定され解体されて、「信教の自由」を入れられました。ＧＨＱ側としては、本当はキリスト教を広げたかったのでしょうが、今でも、キリスト教は日本の人口の一パーセント以上には広がっていません。

これは、宗教観の違いによるものでもあると思うのです。

キリスト教では、十字架《じゅうじか》に架かったイエス・キリストを「神」としているところがあります。しかし、日本人の信仰から見ると、こうした十字架に架かって殺されたような神というのは、一般的《いっぱん》には「祟《たた》り神」と日本では思われているのです。祟り神を祀って、要するに、暴《あば》れたり悪さをしたりしないように、祠《ほこら》や社《やしろ》を建てることはあっても、「それが全智全能《ぜんちぜんのう》の神につながるとは認めがたい」という宗教観はあったわけです。これが、五百年ほど前に、すでに日本に入ってはいたけれども、キリスト教が人口の一パーセント以上は広がらない理由の一つであると思われます。

江戸《えど》時代のキリシタンの取り調べ等を見ても、「どうも神観《かみかん》が違う」というところで、受け入れかねたものもあったのでしょう。

その反面、日本にはすでにさまざまな宗教がかなり入っていたと言えると思うのです。特に、高等宗教としての仏教が入ってからは、教えの部分が豊富になりました。それが、日本の伝統的な宗教の足りないところを補ってきたのではないかと思います。

日本には、古代の宗教から見れば、いわゆるアニミズムといわれるような、「動物だけではなく、天地自然、万物《ばんぶつ》を、みな神のように崇《あが》める」といった思想もありました。

おそらく、アメリカ・インディアンやオーストラリアのアボリジニあたりも、似たような信仰を持っているだろうと思います。そうした、教えが入っていない、もしくは教えが十分ではない宗教の場合、進化する余地があまりないことも多いと思います。言うとすれば、あるがままです。

その場合は、強い動物たちを神のごとく崇めていたのと同じように、やはり、人力《じんりょく》によって克服《こくふく》できない自然の猛威《もうい》等を畏れ、すべて神の力と考えて、ただただお祀りするということもあります。

川が氾濫《はんらん》して土手が決壊《けっかい》したら、人家は流され、田畑も駄目《だめ》になってしまいますが、こうしたことに対して、「川の神」というものを考え出して拝むというようなこともあります。また、空から大雨が降って洪水《こうずい》になったり、あるいは、空気が乾燥《かんそう》しすぎて山火事になって焼けたりすることもありますが、そうした自然の猛威もまた、神の意志として祀っていたようなところがあります。

それ以外では、人間として、ある程度この世的に地位のあった人が不遇《ふぐう》な死に方をした場合に、その「祟り神」を抑《おさ》えようとして神社にしたり、死んだあと勲《くん》位《い》を与《あた》えたりしていました。

狐にも「正一位《しょういちい》」などが与えられていますが、日本人は、そういうものを与えて祀ったりします。これはある意味での懐柔《かいじゅう》というか、賄賂《わいろ》に近いものかと思いますが、そういうことをして、「持ち上げて、なだめる」という手法も取ってきていたと思います。

動物にも魂《たましい》があるが、人間と同じレベルのものではない

日本の宗教的には、霊界《れいかい》や霊的存在があるとしても、まだまだ、それらを正統に、すっきりと整理できていない面はあったかというように思うのです。

確かに、自然を司《つかさど》る存在もいることはいますが、それは、人間を指導している正統な筋の神様と同じものではないと思います。

動物なども、人間より劣《おと》る部分はありますが、魂的《たましいてき》なものを持ってはいるので、それがいろいろと災《わざわ》いを起こすこともないわけではありません。この世では、動

物も「生きたい」と思っているため、そうしたものを殺生《せっしょう》して食べたりしていると、祟りがあるといったこともあるかもしれません。

ただ、これに関しては、多少、知識的な触発《しょくはつ》があってそのように感じる場合もあるとは思います。

日本においても仏教の思想が入ってきたら、「殺生を戒《いまし》める考え」も入ってきました。例えば、『日本霊異記《りょういき》』などを読んでみると、魚を獲《と》っていた漁師が、祟りというか罰《ばち》に当たり、炎《ほのお》に包まれるような経験をしたりして、殺生をやめて、救われたといった話なども出てきます。このように、多少、知識的なものの触発を受けて、考え方が変わることもあるのです。

このへんもすべてやめるわけにもいかないので、難しいところではありますが、レベルに違いはあるものの、動物たちにも魂があることはあるのです。

例えば、「ウサギを飼ってみればペットとしてはかわいいから、これを殺してパイにして食べるとなったら、かわいそうで食べられない」のは当然のことでしょう。ただ、そうしたルートを知らずに、加工されて売られている肉であれば、みな食べたりはしているので、このあたりに、殺生しないと済まない、雑食性《ざっしょく》の人間の性《さが》はあることはあります。

また、これを避《さ》けて、植物だけにしたり、魚には魂がないと思って、「魚までは食べても構わない。これはベジタリアンに入る」と考える人もいるようですが、魚にも魂はないわけではありません。

特に、ある程度以上の大きさのものになると、明らかに魂らしきものは存在することが分かります。魚だけでなく、カニやエビなどでも、大きなものになってくると、ある程度、魂的なものは何らか存在するのが分かります。

私も、霊的能力を持ってからあとは、大きなカニや伊勢《いせ》エビ等を活《い》け造りなどで出されると本当に困ることがあって、「いやあ、ちょっと勘弁《かんべん》してくれ」ということも多かったのです。「では、お客さん、生《なま》が駄目なら茹《ゆ》でてきますよ」と言って、また持ってきてくれたとしても、先ほどまで動いていたかと思うと、やはり、スッとはいかないところはあります。最初から茹でたり揚《あ》げたりしてくれればよかったのですが、「先ほどまで生きていたものが逝《い》ってしまった。昇天《しょうてん》した」と思うと、私もさすがに嫌《いや》だなと感じるところがあります。

ちなみに、オーストラリアあたりでも、日本の伊勢エビ料理などは残酷《ざんこく》だという言い方をしています。「まずは氷で脳を冷やして〝脳震盪《のうしんとう》〟を起こさせ、意識をなくしてからエビ料理にするのならよいけれども、生きてまだヒゲが動いているものを割《さ》いたりするのは残酷だ」というような言い方もしているので、多少、感じるところがあるのでしょう。西洋的には、動物などの魂の存在は認めないほうが主流かとは思いますが、いちおう残酷だと感じるようですし、その直感は、ある程度当たっているでしょう。

そのように、すべてのものに、ある程度、魂的なものは存在しますが、「仏性《ぶっしょう》」のレベルとして、人間と同じものとは考えがたい」ということではあります。この差はあります。

そういう意味で、動物を祀るということはあるし、供養《くよう》したりすることの意味は、多少分かりはします。例えば、屠殺《とさつ》業者等が供養したり、漁師が漁をしているのでときどき魚を祀ったり、山の猟師《りょうし》でシカ狩《が》りやウサギ狩り、イノシシ狩りなどをして生業《なりわい》を立てている者がときどき供養したりすることはあってもよいですし、それは悪いことではないでしょう。

ただし、それらを「人間以上の猛威を持ったものとして崇め奉《たてまつ》ること」には、間違いはあると思います。

「ペットの供養《くよう》」についての問題とは

また、ペットを子供のようにかわいがる人もいますが、〝動物は動物〟ですので生まれ変わりの周期も早く、個性化も十分ではありません。ペットが死んだあとも、あまり長く愛着しすぎて、お墓《はか》をつくって祀りすぎると、この世に執着《しゅうちゃく》を持つようになり、映画「ペット・セメタリー」の世界ではありませんが、霊となってもまだ生きていたときの姿のままで、まとわりついてくる場合もあります。

そういう場合、霊はそれほど大きなものは起こせませんけれども、子供の病気などを起こしたりするぐらいの力はないわけではないので、そういうものに取り憑《つ》かれると、やはり困るだろうと思うのです。

ある程度、諸行無常《しょぎょうむじょう》の世界で、動物は死んだらあの世へ行っていちおう群魂《ぐんこん》のようになることが多いのですが、群れで一緒《いっしょ》になって、また次に生まれ変わって肉体に宿るときに個性化するぐらいのかたちが多いのです。

したがって、ペットへの愛着は持っていてもよいのですが、だんだんに忘れていくことが大事かと思います。

私の飼い犬にも十数年生きたものがいるのですが、確かに、死んでからあとも、私が霊的な世界に通じてからは、よく夢に見たというか、寝《ね》ている間に出てきました。原色で見えましたが、あの世にある草原のような所に行くと、その犬が飛び出してきて、私と戯《たわむ》れたりするようなものを何年か見ていた時期があったのです。

ただ、十年ぐらいたつと、もう来なくなったので、「ああ、またどこかに生まれたのかな」と思いました。

また、わが家《や》で飼っていたペットのウサギの場合、死んでから一週間ぐらいは、霊として家にいたウサギもいますが、まったく音信不通《おんしんふつう》というか、死んでそのままバイバイして、来ないものもいました。

最初のほうにかわいがったウサギなどは、死んでから一週間ぐらいは、夜、寝ているときに、ときどきベッドの上をピョンピョンと行ったり来たりしているような感じに視《み》えました。ただ、生きていたときとそっくりではなく、やや霊体《れいたい》風というか、向こう側の景色が透《す》けて見えるぐらいの半透明《はんとうめい》風なのですが、いちおうウサギという形は分かるような感じだったのです。

一週間ぐらいは、「ご主人様のベッドの上にピョンと乗って、ピョッと下りたり、上がったり下りたりしているな」と思っていたのですが、その後、いなくなって消えたので、「ああ、どうせまた生まれ変わったのかな」とは思いました。

その程度のものなので、動物にも霊はあるとしても、ほどほどにというか、関心の程度については気をつけたほうがよいかと思います。

人間は「原因・結果の法則」と「霊界《れいかい》の影響《えいきょう》」のなかで生きている

赤ちゃんや子供などにも、もちろん霊魂《れいこん》はありますが、宗教によってはいろいろな言い方をしています。例えば、「夭折《ようせつ》する魂にはカルマがあって、そういう不幸な経験をする必要があるのだ」と言う宗教もあれば、「七歳《さい》までに死ぬ人は、すべて高級霊だ」と言うような宗教もあります。両方とも少し極端《きょくたん》かなとは思います。

何度もの転生輪廻《てんしょうりんね》のなかには、長寿《ちょうじゅ》を全《まっと》うすることもあれば、中年で死ぬこともあるし、子供時代に死ぬこともあるでしょう。いずれにしても、それが何らかの経験として必要な場合はあるでしょうし、この世的なアクシデントが重なって、そういうことが起きるのだろうと思うのです。

例えば、車社会にならなければ、自動車事故などというものは一件も起きないわけです。現在ではかなり数が減ってきつつはありますが、長らく日本でも、一年間に一万人以上が交通事故で死に続けていました。

「一年間に一万人以上死ぬ」といったら、もう戦争を続けているのとほとんど変わらないので、大変なものではあったとは思うのです。しかし、それでも車は便利なので、捨てられずに増え続けたと思います。

そうした文明の変化によって、「今までになかったような死」というものも出てきたということはあるし、薬が未発達のために、副作用など、想像していなかったような結果が出て、「医療《いりょう》を受けたけれども、かえって悪くなって死んでしまった」というようなこともあるかもしれません。

あるいは、公害などのある時代には、工業廃水《はいすい》等の影響《えいきょう》で、魚の骨や体が曲がったりして、その次は、人間にも「イタイイタイ病」などが数多く出たりすることもありました。このように、いろいろな時期にいろいろな経験をしますが、この世的に見れば、不幸なことはたくさんあるかと思います。

そういうことがあり、人間としてこの世で生きていく以上、「原因・結果の法則」で起きることは起きるので、それはそれとして、この世の理屈《りくつ》というか、科学的なものも含《ふく》めて知っておく必要はあるとは思います。

しかし、もう一つ、「霊界という存在があって、その影響を受けている」ということも知らなくてはなりません。

3　日本神道《しんとう》に流れている考えの特徴《とくちょう》を知る

形式的なものが多いのが日本神道の特徴

ただ、霊界《れいかい》の影響《えいきょう》といっても、高級霊界からの影響もあれば、動物あたりを祀《まつ》る信仰《しんこう》まであるので、このあたりの違《ちが》いは多少知っておいたほうがよいと思います。

もちろん、殺生《せっしょう》は少ないほうがよいとは思いますが、多くの人口を抱《かか》えている以上、ある程度しかたがない面もあるかもしれません。ただ、食べられる動物にも魂《たましい》はありますし、植物にも一部、妖精《ようせい》風の魂がある場合があります。

樹齢《じゅれい》数百年の木などが神社にある場合、そうした「ご神木《しんぼく》のような木を切ると祟《たた》りがある」というようなことはよく言われますが、ある程度、樹齢の長い老木になると、やはり何らかの「木の精霊《せいれい》」のようなものがいるのは事実ではあります。

そのため、場合によっては、そういったものが何らかの霊的な影響を与《あた》えることはあるかもしれないし、それが「ない」とは言えません。特に、神社仏閣《ぶっかく》のような、信仰が集まっているところになると、いろいろな霊的なものが作用している場合もあるので、気をつけなければいけないこともあるでしょう。

ただ、高等宗教というのは、やはり、人間としてのものの考え方や見方を示し、善悪を分けて考えるのがその始まりです。「人間の考え方や行動を、善と見るか悪と見るか」ということについての考え方を教えるのが高等宗教であり、それによって、できるかぎり、悪を捨てて善を選び取る生き方を勧《すす》めるわけです。

そして、悪を犯《おか》した場合には、「反省」や「懺悔《ざんげ》」、あるいは「それを埋《う》め合わせるだけの善行《ぜんこう》を積む」などして、罪を軽くすることが昔から行われています。

例えば、反省や懺悔が十分にできないようなタイプの人であれば、神社仏閣や教会等にお布施《ふせ》をしたりして多少なりともお役に立つことで、「自分の心のなかにも善なるものが宿っている」ということを証明し、多少、罪を軽減してもらおうと考える人もいるだろうと思うのです。

ただし、「高級霊」と称《しょう》している者のなかにも〝種類がいろいろとある〟ので、やや気をつけなければいけません。特に日本では、全体的に見ると、やはり高等宗教化するのが遅《おく》れたのではないかと思います。

これは神社本庁など、神社系統の団体も認めていることではありますが、「神《しん》道《とう》というのは、いわゆる宗教法人法に言う宗教ではないのだ」というようなことを言っています。

そもそも、神道には「教祖」がいない。「もともと教祖がいない」のが大きいということが一つあります。教祖がいないし、「基本教義」もありません。

宗教法人法の定義では、宗教には、「教祖」がいて、「基本教義」があって、儀《ぎ》式《しき》や儀典などの「宗教的なかたちのある行動」が必要です。あとは、「社務所や教会、神社などの建物が備わっている」というようなことを想定しているわけですが、日本神道の場合は、そういったものがあまりないのです。

もちろん、教えの断片《だんぺん》のようなものはあることはあるのですが、形式的なものが多いのは、一つの特徴《とくちょう》的なところではないかと思います。

「鳥居《とりい》があってくぐる。そして、なかにある社《やしろ》で手を二拍手《はくしゅ》なら二拍手して頭を下げ、祈願《きがん》する」というのは一つの形式でしょう。それで、「家内安全や健康、あるいは、商売繁盛《はんじょう》などを祈《いの》って、お賽銭《さいせん》を入れて帰ってくる」というぐらいのものであるわけです。

「神様に祈る」「お稲荷《いなり》さんに、稲荷大明神《だいみょうじん》に祈る」「蛇神《へびがみ》に祈る」など、いろいろとありますけれども、ほとんどがそのように、「現世利益《げんせりやく》を求めて参拝《さんぱい》する」というかたちを取るものの、教えはあまりありません。何らかのお布施は伴《ともな》いますが、「お布施をしたら現世利益が来る」というあたりでとどまっていて、教えそのものはほとんどないことが多いのです。

日本神道のなかに一本入っている「人間のもとは光だ」という考え

なお、日本神道というのは、そのなかにあるアニミズム的なもの、動物信仰のところは別に置いておくとして、人間が教えたものの教えとしても、はっきりとまとまってはいません。

中心的に流れているものとしては、例えば江戸《えど》の後期からある教派《きょうは》神道というのもありますけれども、黒住教《くろずみきょう》や天理教《てんりきょう》、あるいは、大本教《おおもときょう》や生長《せいちょう》の家《いえ》などの日本神道系の「教派神道」といわれてきたものがあります。

そのなかでも、多少、種類は違いますが、シンプルに言えば、「とにかく、明るい心を持てば幸福になれるのだ」というような思想も、一本、わりに強く出てきています。

例えば、黒住教などもそうでしょう。教祖が大病し、死にかけの病《やまい》になりましたが、「『明るい心を持つ』ということで、カッと豁然大悟《かつぜんたいご》したら、病気が治った」というあたりから宗教が始まっているはずです。

また、天理教なども、「陽気ぐらし」ということをはっきりと言っていて、「陽気ぐらしをすれば、人生が明るくなってよい」というところに重点を置いているような気がします。

一方で、大本教には、そういう考え方は非常に少ないのです。どちらかというと、砂漠《さばく》のほうの『旧約聖書《きゅうやくせいしょ》』の預言などに近くて、「(この世の)お立て直し」に関して、「悪いものが来るぞ」というような悪い予言等をいろいろとしています。そして、それは実際に来たのですが、教団は弾圧《だんあつ》を受けたりしているので、『旧約聖書』系の預言のような感じにも見えなくもないところがあります。ただ、これも宗教の一つではあるでしょう。

日本人は「救世主」というと、「人々を助けてくれる、よい神様の代理人」というぐらいに思っていることが多いのですが、西洋のほうでは、救世主が出てくるというのは大変なことなのです。

「神罰《しんばつ》が起き、天変地異がたくさん起き、人が大勢死ぬような病気が流行《はや》ったり、大洪水《だいこうずい》や大火災、地震《じしん》などがたくさん起きたりして、大勢の人が死ぬ時代だ」ということで、西洋では、救世主が生まれたら怖《こわ》がる向きはかなりあるのですが、大本教などもそれに似た感じはあるのだろうと思います。

大本教は、「戦争が起きて不幸になる」というようなことをだいぶ言っていたために、警察、軍部系からの弾圧や迫害《はくがい》をそうとう受けました。そうした予言は、結果的には、事実として当たっていたのですが、「国家権力とぶつかってしまった」というところもあります。

それに対して、生長の家などは、戦争中は「行け行けゴーゴー」というように言っていたために、大きな弾圧は受けなかったとは思うのですが、戦後は共産主義が非常に広がったので、そのあたりとの戦いは、政治的にもそうとう長く続いたのではないかと思います。

このあたりのもとには、やはり、「光一元《ひかりいちげん》の教え」があるようです。日本神道のなかに一本入っているのは、天御中主《あめのみなかぬし》系統と思われますが、この「人間のもとは光なのだ」という考えです。

もちろん、「人間は神様から分かれてきた光である」ということ自体は正しいし、幸福の科学の教えとも合ってはいます。ただ、「光のみが実在で、闇《やみ》は存在しない。闇というのは光の不在にすぎないのだ」という考え方があるのです。

キリスト教と比べて分かる「光一元《ひかりいちげん》の思想」の功罪

こうした思想はもう一つ、アメリカにも出ていて、エマソン以降、光明《こうみょう》思想家がたくさん出ています。ノーマン・ビンセント・ピールあたりまで流れてはいるわけで、「この闇というものを積極的に肯定《こうてい》しすぎると、その力が強く見えすぎて、人生が不幸にとらわれることになるので、『光だけが実在していて、闇などはないのだ。光の不在だけなのだ』というもの」です。これはエマソンも一緒《いっしょ》ですが、こういう考えが一つ出てきているわけです。

この思想は、現実世界の事実を変えられない場合や、事実としての救済が与えられない場合に、考え方でそれなりに切り替《か》えようとする動きであって、確かに、〝頓服薬《とんぷくやく》〟的というか、急に病気が治るような気分になったりすることも、あることはあります。

私の父親（善川三朗名誉顧問《よしかわさぶろうめいよこもん》）も、「戦前、病気で布団《ふとん》を敷《し》いて寝《ね》ていたときに、『生命の實相《じっそう》』などの生長の家の本を読んだら、『病はない』と書いてあるから、『あっ、病気はないんだ』と思い、『布団を上げて立て』と書いてあるから、床《とこ》を上げて立ったら、病気が治ったように思ったこともあった」というように言っていました。

そういう意味では、いちおう言葉には力があって、そのようになることもありますし、それに、禅宗《ぜんしゅう》あたりの一喝《いっかつ》のようなものが、若干《じゃっかん》加わっているところもあると思います。

ただ、現在はその教団でも、そういった教えは続かないところがあるようなので、実体論としてはなかなか難しいのでしょう。

「本来、病なし。罪なし。地獄《じごく》なし」などと言って、悪いものはすべて否定していくのですが、「病なし」と言うのはよいとしても、「その教団の職員は、病院には裏口から入っていく」ということがあったりしたようです。「病はないので病院もないし、要《い》らないのだけれども、とりあえずは行く」という感じで、少し葛藤《かっとう》があったようなことは聞いています。

ともあれ、「一つの思想の流れとして、そういうものがある」というのは、日本の特徴の一つです。

ここまで光一元《ひかりいちげん》の思想が強いのは、日本以外のほかのところにもあったかというと、例えば、外国でも古代から多神教が普通《ふつう》なので、神様がたくさんいたのは事実なのですが、「一神教運動」を起こしたときには、「太陽神信仰」など、ときどきこういう少し似たものが出たことはあります。

これに比べると、キリスト教では、「人間・罪の子」「人間には原罪《げんざい》があり、その罪を償《つぐな》わなくてはいけない」というようなことをかなり言います。考え方によっては、「この世的に、いろいろと悲惨《ひさん》な経験をすることによって、多少、罪が贖《あがな》われ、天国に行ったときには、その正反対の境地になる」というような思想もあることはあります。

クリスチャンは、病気はよくするのですが、病気をしても「神様が与えた罰ではないか」と思っているようなことはよくあります。そのため、治らなくても、「これは運命なのかもしれない」と思う者もいるし、例外的に、奇跡《きせき》として病気の治る者がいるとしても、非常に数が少ない感じはします。

そういうわけで、「すべて光である」という考えもあれば、「罪がある」という考えもあって、「どちらがより多くの人に支持されるべきか」ということについては、難しいところではあるでしょう。

「罪を反省する」ということになると、やはり、「そもそも、どのような罪があるか」という分類から始まって、「その一つひとつを正していく」という考え方に入ってきて、個人の行動目標や生き方の目標ができるので、「人間としての導きになることが多い」ということは言えると思うのです。

ところが、「人間は神の光からできた」というだけで教えが止まっていたら、「もう、それ以上はない」ということにもなるので、「ただ光の部分だけを強く見よ」ということになります。

これは、日本では古来よくある考え方なのですが、第二次大戦で兵站《へいたん》を無視して、「食料は三日分しかないけれども、とりあえず、インドまで突《つ》っ込《こ》んで戦うのだ。敵のものを取って食え」といった感じの戦い方、兵站無視の考え方などには、そんなところがあります。

このあたりについては、この世的なところを軽く見すぎている部分もあると思うのです。こうした「光一元の思想」は、日本系の宗教には連綿と流れています。

日本神道のなかに大きく入っている「天照大神《あまてらすおおみかみ》的な思想」とは

ただ、日本には、もう一つほかの考え方もあります。例えば、天照大神《あまてらすおおみかみ》系統の考えになると少し違うものがあって、当会の霊言集《れいげんしゅう》にも出ているように、「礼節」や「心の調和」といったことを言います。

「礼節」というのは、「上下の違いをつけて、年長者や立場の高い人を敬《うやま》う」というような考えでしょう。また、「調和」というのは、「お互《たが》いに違いばかりを強調するのではなく、調和する努力をしたほうがよい」という考えです。

また、もう一つは、「祓《はら》いたまえ。清めたまえ」というように、穢《けが》れに対しては嫌《いや》がる傾向《けいこう》があり、それを清めなくてはいけません。

このあたりが、天照大神的な思想だろうと思うのです。やはり、神社としては、天照系統は最大規模なので、この思想も日本神道のなかには大きく入っているとは思います。ただ、今述べたように、教えとしてはかなりシンプルではあると思います。

それから、もう一つあるのは、伊邪那岐大神《いざなぎのおおかみ》的な考え方です。結界《けっかい》を張っているときに、よく、短冊《たんざく》のような〝グジャグジャッ〟とした雷《かみなり》マークの白いものが、注連縄《しめなわ》から垂れ下がっていますが、あれが「いざなぎ流」にもあります。いざなぎ流というのは、邪気《じゃき》を祓うというか、正邪を分ける考え方が強いのです。

この正邪を分ける考え方は、お祓いやエクソシスト的なものにつながると思います。こちらの場合、「光一元」の思想とは違って、悪魔《あくま》や鬼《おに》などの存在をはっきり認めており、「こういったものを邪気祓いせずにいて、取り憑《つ》かれると、人生に不幸が起きる。したがって、戦闘《せんとう》というか戦いによって、邪悪なるものを折《しゃく》伏《ぶく》して、追放しなければならない」という考えがあると思うのです。

「黄泉《よみ》の国」の神話の真相について

なお、その思想のもとになったのが、伊邪那岐・伊邪那美《いざなみ》神話です。伊邪那岐・伊邪那美は、夫婦神《ふうふしん》で夫婦神《めおとしん》として神々をたくさん生み、国土を生んだのですが、「伊邪那美は、火の神を出産したときに、火傷《やけど》をして死んだ」ということで、黄泉《よみ》の国に行きました。

伊邪那岐は、やはり、夫婦の情愛があるので、黄泉の国に行った妻に会いたくて訪ねていったのですが、行ってみたら「少し待ってください」と言われて、洞《どう》窟《くつ》の暗闇のなかで待たされました。

そして、「絶対に見ては駄目《だめ》だ」と言われていたのですが、日本の民話によくあるタブーのように、「見てはいけない」と言われたら見たくなって、火をつけて覗《のぞ》いてみたところ、周りはもう、映画「ハムナプトラ」(一九九九年公開のアメリカ映画）の世界のように、骨になった死骸《しがい》があり、ムカデなど気持ちの悪い生き物がたくさんいたのです。

そして、肉も溶《と》け、髪《かみ》も抜《ぬ》けてパラパラになったような伊邪那美の姿を見てしまった伊邪那岐は、「うわっ！　大変なものを見てしまった」ということで、びっくりします。

そのため、妻の伊邪那美が、「見たなあ、よくも見たなあ」ということで、ダーッと追いかけてきたので伊邪那岐は逃《に》げたという、恐怖《きょうふ》の怪談《かいだん》の始まりのような話です。

これは昔の話なのでよく分かりませんが、黄泉の国に当たるのは、おそらく島根県あたりだと思うのです。伊邪那岐は、そこから美作《みまさか》、つまり岡山《おかやま》県ぐらいまで逃げてきたようです。

伊邪那岐がどのように逃げたのかは知りませんが、途中《とちゅう》でいろいろなものを投げながら逃げたところ、追っ手のほうは欲があるため、それを食べてしまうので、食べている間に時間を稼《かせ》いで逃げたというのです。

岡山県のあたりでは、桃《もも》を投げたら、桃もおいしいので食べてしまうというようなことでした。「桃は邪気祓いの力がある」という伝説にはなっています。

確かに、桃ジュースを飲むと、ちょっと〝光が出てくる〟ような感じもあるので、邪気祓いの効果はあります。糖分があるので、おそらく脳のほうの力が出てくるのだと思います。私なども霊言等をしていますが、脳に糖分が入ると頭がシャンとしてきて、確かに高級霊等を降ろすのにはよくなります。

しかし、脳が疲《つか》れていると悪霊《あくれい》等にやられやすいので、そういった栄養補給というのも大事なのです。昔話の「桃太郎《ももたろう》」も、このような話と関係しているのだろうとは思います。

ともあれ、伊邪那岐は岡山県あたりまで逃げたあと、九州まで戻《もど》ってきます。

船に乗ったかどうかは分かりませんが、九州に戻り、日向《ひゅうが》、つまり今の宮崎県《みやざき》まで帰ってくるのです。

宮崎県には、私も見に行ったことがあるのですが、「禊祓《みそぎはら》いをした池」がきちんと遺《のこ》っています。「伊邪那岐が黄泉の国に行って、穢れをたくさん付けてきたというので、そこで体を洗っているうちに、洗う部所によっていろいろな神様が出てきた」という話があります。

その池で左目を洗うと天照大神が生まれ、右目を洗うと月読命《つくよみのみこと》が生まれ、鼻を洗うと須佐之男命《すさのおのみこと》が生まれました。そのように、「三貴神《さんきしん》」が生まれ、「体の他の部分を洗っている間にも十人ぐらい神様が生まれた」ということなので、男の神様が十三人ぐらいも子供を産んだことになります。

ただ、これは、実際上はありえないので、おそらくは、伊邪那岐が宮崎県に帰ってきて、日南《にちなん》海岸あたりの豪族《ごうぞく》にお世話になり、娘《むすめ》でももらって子供が生まれたのだろうと推定されます。数から見れば、相手も一人ではなかったかもしれません。三人を産んだ人と、ほかの人とがいたのではないかと思いますが、そのあたりが日本神話の始まりの話としてはあります。

なお、話が日南海岸あたりから始まっているので、天照大神も光が強いのを見て育ったのかもしれませんけれども、そういう「日の神」でもあるという考えなのです。

日本には、だいたい、このような考えがあります。

4 霊界《れいかい》の「裏側」世界の特徴《とくちょう》を見抜《みぬ》く

自己愛が強く、反省ができないことが「裏側」の問題点

また、日本神道《しんとう》の宗教や霊能者《れいのうしゃ》が書いたいろいろなものを見ると、どうも、日本の霊界《れいかい》には、私が「裏側」と呼んでいる世界が特に広いような気がしてしかたがありません。

裏側の世界には、土着《どちゃく》のものとしてもありますし、中国から入ってきた道教や神仙《しんせん》思想あたりが混ざったものもあるとは思うのですが、天狗《てんぐ》や鬼《おに》、その他、いろいろな妖怪《ようかい》等が存在しています。また、西洋的に言えば、おそらく、魔法使《まほうつか》いや悪魔などもすべて入ってくるのかもしれませんが、それらのやや東洋的な姿を

したものもたくさん存在しています。

このあたりにも、神を名乗っている者はたくさんいるでしょう。なぜなら、普《ふ》通《つう》の人間に比べれば、霊力が強くて、人間に影響《えいきょう》を与《あた》えることができるからです。「裏側」といわれているものの特徴《とくちょう》としては、「確かに、奇跡《きせき》を起こしたり、何らかの霊的な力で、いろいろなものに影響を与えたりすることはできるけれども、愛の心があまりない」ということがあります。

彼らには、「自分が欲望を自己実現する」という意味での愛、つまり、「自己愛」というか、「奪《うば》う愛」型の愛はけっこうあるのですが、「他人《ひと》を幸福にしよう」という意味での「与える愛」型の愛は、あまりないような気がします。

それと、もう一つは、やはり基本的に反省ができない霊たちが多いような気がします。

「ゲゲゲの鬼太郎《きたろう》」的な妖怪の世界に入ると、そこにいる者たちは心のあり方が何かすごく偏《かたよ》っていて、いびつなのでしょう。だから、普通の人間の形をしていないのだと思うのです。

世の中には、トリッキーなことをして人を脅《おど》かしたりする者もいて、恐怖《きょうふ》を与えたり脅かしたりするのが好きな人もいます。そういうことにも、「いたずらで認容できる範囲《はんい》のもの」と、「はっきりとした不成仏霊《ふじょうぶつ》として祟《たた》っているもの」とがあるので、このあたりの境目は極《きわ》めて難しいところがあります。

妖怪の世界あたりからも、一部、この世に生まれ変われるらしいことは分かっているので、どこかで線引きはあるのだろうと思うのですが、強度に悪質な者になってくると、やはり悪魔に近づいてくるので、それと同じような分類にはなるのだと思います。

そのように、彼らは、人間としてあまりまともに「愛」や「反省」等が分かってはいないのですが、たまにはよいことをする場合もあります。善行《ぜんこう》をすることもあったり、奉納《ほうのう》してもらえば感謝の行《ぎょう》をやったりすることもあります。そのため、「一部、神を名乗っている者もいる」という感じでしょうか。

こういう存在があるらしいということは知っておかなくてはなりません。

犬神《いぬがみ》や猿神《さるがみ》、蛇神《へびがみ》等には「畜生道《ちくしょうどう》」に堕《お》ちた人間の霊《れい》もいる

日本では、稲荷信仰《いなりしんこう》があるために狐《きつね》の霊力《れいりょく》もそうとう強く、また、狸《たぬき》信仰をしている所や蛇神《へびがみ》信仰をしている所、犬神《いぬがみ》信仰をしている所もあります。

四国では、「阿波《あわ》（徳島県）の犬神」「讃岐《さぬき》（香川《かがわ》県）の猿神《さるがみ》」「伊予《いよ》（愛媛《えひめ》県）の蛇神」などが有名ですが、そういう、普通の動物霊よりは強烈《きょうれつ》なものがいることはいるようです。

それらは、おそらく、もとは人間だったのかもしれないのですが、「魔道《まどう》」に堕《お》ちたというか、魔道にいったん堕ちて「畜生道《ちくしょうどう》」という動物霊界に堕ちたのだ

と思われます。そのため人間的な考え方を持ち、言葉も話せるのですが、人間の姿は取れないのです。

こういうものが、いろいろと悪さをしたり祟ったりすることはあって、その数はかなり多いのです。こういうものを調伏《ちょうぶく》するために、お寺を建てるなど、いろいろとしたこともあるのではないかと思います。

ただ、こうした存在が人間にとってよいことを行う場合もあるので、そのへんは難しいところです。

あるいは、妖怪に当たるのかもしれませんが、いわゆる〝霊的テクニシャン〟であって、霊術《れいじゅつ》というか、技術的なものがすごく好きな霊人《れいじん》たちもいます。霊界のソニーやホンダのようなものがあると言えばそうなのですが、〝ハイテク〟で何かをやるのが大好きな霊人たちがいるのです。

彼らは、何かに化《ば》けることもあれば、何か神変《じんぺん》を起こすこともあるのですが、化けたり神変を起こしたりすることをもって、「神意」や「ご神示」だと思わせるようなことをしています。

そのような、教えがあまり入ってはいない世界があるのです。

「ハリー・ポッター」の世界は、西洋における「裏側」の世界

こういう世界は西洋にもあって、「ハリー・ポッター」の世界も基本的にはそうです。あまり教えはないのであって、「魑魅魍魎《ちみもうりょう》」の世界と言ったら語弊《ごへい》があるかもしれませんが、人を驚《おどろ》かせるような不思議な世界なのです。

そういう世界がたくさんあるわけですが、彼らはその不思議な世界をつくり出し、〝マジシャン的な喜び〟を味わっているわけです。

確かに、映画などでも創造の喜びなどはありますし、アニメなどもいくらでもつくれますが、そのような、クリエイトしていく能力のなかでも、やや人を驚か

せるような感じのものが好きな人たちもいるのです。

ただ、正統な流れから見れば、彼らは少し〝変形〟しています。

「ハリー・ポッター」の映画で古い教会を撮影《さつえい》に使ったら、そのあと、その教会の窓ガラスが石を投げられて割られたようです。そのように、キリスト教会側から迫害《はくがい》されたりはしているのですが、この作品がけっこう広がったのを見れば、そういうものはそうとうあるということです。

「ハリー・ポッター」のもとになっているのは、おそらく、キリスト教が流行《はや》る前にゲルマンのほうにあったケルトの信仰等でしょう。

「ケルト」といわれていた文化があって、そのなかにドルイド教もありました。ドルイド教のなかには、魔術やアニミズム信仰などもたくさんあって、土着の信仰として長くあったと思われるのですが、それをキリスト教的なものが征服《せいふく》していく流れだったと思うのです。

征服され、敗れていったため、彼らは、今、そういう裏側の世界に逃《に》げ込《こ》んでいるのではないかと思います。たぶんそういうことでしょう。

これは、「正統派がポンと立つと、そこから少し外れたところに、それ以外のものが住処《すみか》をつくっていく」という感じでしょうか。

こういうことがあって、霊界には、「上」と「下」だけではなく「表」と「裏」が若干《じゃっかん》あるのです。

モーセの「十《とお》の災《わざわ》い」を起こしたのは、どのような神か

イスラエルの歴史を見ると、モーセの四百年前に、彼の祖先であるイスラエルの民《たみ》は、エジプトで捕《つか》まって人質《ひとじち》になって奴隷《どれい》にされています。四百年間、奴隷の苦しみを味わい、ピラミッドをつくらされたりしていたのですが、これをモーセが解放しました。そして、彼はカナンの地を目指して放浪《ほうろう》し、現在の（イスラ

エル）あたりのところに国を建てる前のところまでやるのです。

モーセが起こす「十《とお》の災《わざわ》い」のようなものを見ると、あまりにもすごいので、これを正統な神の行為《こうい》と見えるかどうか、若干、気にはなります。これをほかのところに当てはめると、やはり少し違《ちが》うような気がするのです。

例えば、川を血の色に変えるとかいうことについて、「赤土《あかつち》が流れ出したのだ」という簡単な説もありますが、実際に血の色に変わると、飲み水としては飲めないです。そのため川の水は飲めないようになります。

また、「ガマガエルが大量に発生する」「イナゴが大量に発生して、食い尽《つ》くす」「一歳《さい》ぐらいの子とか、幼児（長子《ちょうし》）を皆殺《みなごろ》しにする」「雹《ひょう》が降る」「飢饉《ききん》が来る」あるいは「皮膚病《ひふびょう》のようなものがものすごい流行る」などというようなことがたくさん起きたことになっているのです。

これらは、全部、この神が起こしたことになっているわけです。

これはちょっと「正統ではないのではないか」という感じはします。これは、「祟り神」です。どう見ても「祟り神」なのです。

その後、それを信じてイスラエルの建国をするのですが、やがて、イエスを迫害したことにより、イエスの没後《ぼつご》四十年ほどでイスラエルの国は滅《ほろ》びました。そのあと、約千九百年間、国がなくて世界各地を放浪しましたが、一九四八年に国が建ちました。しかし、それによってイスラムの国々と対立し、現在、核《かく》戦争の危機もあるということなのです。

今、ユダヤ人は全部で世界中に千五百万人ぐらいいると言われていますが、もし、これが「創造の神」であり、「天地万物《てんちばんぶつ》の神」であるのなら、その小さな国の民族だけを「選民」として選んで護《まも》り、ほかには罰《ばち》を当て続けるというのは、やはり少し考えにくいのです。

なお、当時のエジプトは現在のアメリカのような大国であり、エジプトのファラオ（王）はアメリカの大統領のようなものだろうと思います。

ですから、脚色《きゃくしょく》はそうとうあると思いますが、この神はやや「祟り神」に見えてしかたがありません。そもそも、「それほど強い神であるならば、イスラエルの民を四百年も奴隷のままで置いておくな」と言いたくなります。これはちょっとおかしいわけで、そうとう恨《うら》みのこもった神としか思えないのです。

したがって、イスラエルの神様は、どう見ても一種類ではないと思えるのです。

「エローヒム」は中東にいろいろな宗教を起こした神

イスラエルの歴史のなかには、その「祟り神」と、キリスト教のイエスの教えにつながる部分があります。預言者などが出てきて教えていることのなかには、その部分があることはあるので、私には、どうしても神が二種類あるように見えてしかたがありません。

「エホバ」といわれている神と、「エローヒム」といわれている神とは、実は違うのでないかと思われます。一神教といわれつつも実は違うのではないかと思うのです。

「エホバ」といわれる神は「妬《ねた》みの神」です。『聖書《せいしょ》』にはもともと、きちんと「妬みの神」と書いてあったのですが、さすがに具合が悪いので、最近は日本語を訳し分けていて、「情熱の神」と訳したりして上手《じょうず》に言い換《か》えています。

しかし、原語はやはり「妬みの神」であり、「妬む者」、「われは妬む者なり」とはっきり言っているので、少し怪《あや》しいのです。最初のときの神は、神だとしても、先ほど述べたようなことからすれば「裏側」のほうの神様ではないかと思うのです。

ただ、国ができてからあとは、中東あたりを支配していた神々の中心の指導を途中《とちゅう》から受け始めているのではないでしょうか。そのなかには預言者として、使命として、きちんと指導を受けている者もいるのではないかと思うのです。

イスラエルには預言者が数多く出ていますし、その後も、現代でも偉《えら》い人がたくさん出てはいるので、「全部が駄目《だめ》」というわけではなく、そのなかにはいろいろ混ざっているのではないかと思います。

「エローヒム」は、実際には、中東にいろいろな宗教を起こした神の一人でしたし、おそらくはエジプトのほうも見ていたはずだとは思うのですが、このあたりについて、当時の人たちはあまり理解できなかったのではないかと思います。

5　正しい真理観の下《もと》、賢《かしこ》く生きよ

正しい信仰《しんこう》観を持つことには、霊人《れいじん》をも悟《さと》らしめる力がある

そういうことで、信仰《しんこう》にもいろいろあり、信仰の選び方によって人生の幸・不幸もあるのですが、「人として賢《かしこ》く生きる」ためには、唯物論《ゆいぶつろん》や無神論は論外です。現代の学問が何であろうと、科学がどれほど進歩しようとも、やはり、それを超《こ》えたものがあるのです。

もちろん、「いくら信仰したところで、神がロケットをつくってくれるわけでもなければ、宇宙船をつくってくれるわけでもないだろう」という意見もあると思います。それは、人間がロボットや人工知能を使ってつくらないとできないも

のではあるから、人間がつくらないで奇跡《きせき》でロボットがポッと現れたりはしないかもしれません。

ただ、そうは言っても、昔は、「神様に祈《いの》っておれば、神様は天候を司《つかさど》ったりして、やってくれる」と思っていたかもしれないけれども、現代においても、やはり神は存在するのであり、神を否定してはいけないのです。

ただし、信仰のなかにもやはり種類がたくさんあるので、これについては、もう少し明確にされなければなりません。

日本のホラーものでも、霊界《れいかい》ものになると、だいたい祟《たた》りや悪霊《あくれい》の話ばかりですし、アメリカやヨーロッパのものであっても、基本的には、幽霊屋敷《ゆうれいやしき》その他において、不成仏霊《ふじょうぶつれい》かもっと大きな悪魔《あくま》が力を及《およ》ぼしてきて、神父《しんぷ》たちと戦ったりするようなものが多いのです。

だいたいそのようなものばかりであり、私たちが説いている高級霊界の霊人《れいじん》たちの姿やその教えは、映画等では教えてくれないことが多いです。

その意味でも、幸福の科学は今、非常に新しいところを拓《ひら》いており、本当はメジャーな霊界のところを教えているのですが、実は、これはまだ世界ではあまり知られてはいないのです。

そういう意味で、幸福の科学の教えはもっともっと広く知られなくてはいけません。それは、この世を変えていくだけではなく、実は「信仰観」を変えることによって霊界の教育にもなっているのです。

霊界に生きている人たちであっても、「自分たちは、今、どういう位置づけで、どのようなことをしていて、どのように判定されているか」ということを分かっていない人が大勢いるので、これを教える必要があるのです。

霊界の人たちもこの世を見ているので、この世で伝道し、教えを広げることによって、霊界にも影響《えいきょう》を与《あた》えることができます。霊人は、地上の人を見ていたり、守護霊《しゅごれい》や指導霊をしていたりすることもありますし、憑依霊《ひょうい》をしている場合もありますが、この世の人たちがそうした「正しい世界観」や「信仰観」を持つことには、あの世の人をも悟《さと》らしめる力があるのです。

そういう意味において、幸福の科学の教えは、もっともっと広がらないと意味がないのです。世界の人口の一パーセントや二パーセントなどという、そんなものであってよいわけではなく、もっともっとメジャー化する必要があると思います。

目的だけでなく「途中《とちゅう》のプロセスが正当かどうか」

キリスト教徒は二十二億人近くに達しようとしていますし、イスラム教徒は十六億人を超えているとも言われますが、どちらも、もうすでに宗教としてはかなり劣化《れっか》している部分があります。

その劣化した部分を切り離《はな》すために、キリスト教は「政教分離《ぶんり》」のようなことを行い、この世については、この世の原理で技術的に知恵《ちえ》を持ってやろうとしています。そして、宗教は宗教として政治とは切り離し、家庭的なものや個人的なものにしようとしています。

イスラム教では、まだ「政教分離」をしていなくて、政治と宗教が一緒《いっしょ》になっていますが、それにも劣化してきたものがあります。その神の教えというのが、千四百年も前の教えだと、現代では通じないものがあるからです。

イスラム教徒の大多数の人は、「イスラム原理主義的なテロリズムと、イスラム教とは違《ちが》う」という考えを持っています。

しかし、イスラム教には、ムハンマド自身が武器を取って戦い、いったん追いやられたものを、押《お》し返して再占領《さいせんりょう》してメッカまで占領して国を取ったことにより国教のようになり、「宗教」になったところがあります。そのため、かたちだけを見れば、毛沢東《もうたくとう》が国を建てたことと変わらないところがあるのです。

毛沢東は国を建てて、「革命は暴力によって起きる。革命は銃口《じゅうこう》から起きる。銃で人を殺すことによって革命は起きるのだ。だから、結果がよければ手段はこだわらなくてもよいのだ。目的が正しければ手段はよいのだ」というようなことを言っています。

イスラム教の場合、そのように言っているわけではありませんが、「一神教、唯一の神アッラーのためならば、途中《とちゅう》の過程は何でもよいのだ」と考えるところがあることはあるのです。

その過激派だけではなく、現にある一般《いっぱん》のイスラム教徒も、その過程、「正当な政治の実現や経済の実現、社会正義の実現のためのプロセス」を大事にしなくてはいけません。

これに関しては、「英米あるいは欧米《おうべい》の人たちの近代の考えのほうが進んでいる」と明らかに思えるので、多少、これは考え方を改める必要があるのではないかと思います。

こういう「近代的プロセスの重視」が必要でしょう。「原因があり、プロセスがあって、結果がある。原因と結果だけではないのだ。また、手段と目的だけではなく、『途中のプロセスが正当かどうか』ということもあるのだ」ということを知り、少々ここはイスラム教も考えを変えていかなければならないのではないかと思います。

それから、日本神道《しんとう》においては、いろいろな教えがあることはあるのですが、教えが明確には分からないために、仏教に依拠《いきょ》しながら、その教えを取り入れた面もあります。

ただ、中国の道教や仙術《せんじゅつ》、修験道《しゅげんどう》のようなものも入ってきて、このあたりが「裏側」の源流にはなっているので、もう一回、日本の霊界も正しい真理観に基《もと》づいて少し整理し直し、みな本来の秩序《ちつじょ》に就《つ》いてもらわないといけないのではないかと思います。

幸福の科学の教えを、できるだけ早く世界標準に

幸福の科学の教えは、先ほど述べた「東洋」と「西洋」を貫《つらぬ》き、ある程度、「教え」を整理して広げていこうとしているので、これが本当の意味での「世界宗教としての教え」だと思うのです。

今、私はほとんど日本語で説法《せっぽう》をしているので、日本語が読めないと教えをなかなか理解できないでしょうが、日本語を読める人は一億人少々しかいないので、これだけでは伝わり切らないのです。

今、世界には七十八億人ぐらいいるのではないかと思うので（発刊時点）、教えを外国語に訳すと同時に、世界各地で伝道できる人をつくっていかなくてはな

らないと思います。

できるだけ、キリスト教やイスラム教に追いつき、追い越《こ》していくぐらいの勢いで広げていかないと、正しい教えによって地球を護《まも》ることはできないのではないかと思うのです。

正しい信仰観を持ち、「人生は、やはりこの世限りではないのだ」と考えなくてはなりません。

水源から流れ落ちた川は、次第《しだい》しだいに急流になり、やがて広くゆったりと流れ、河口に着くと水は海に出ます。海に出たところで川は〝死〟を迎《むか》えるわけです。

そのように、「生」と「死」がありますが、そういうもので、途中でいろいろなことを経験しながら人生は流れていくのです。川には同じものは一つもないけれども、川は川としてずっと続いているのだという感じです。「魂《たましい》もいろいろな経験を積み、変化しながら生き続けているのだ」ということを知ったほうがよいと思います。

だから、賢く生きるためには、最後は「正しい真理観を持ち、正しい霊界観でもって、この生きている自分というものを見ながら、これを正当な方向に導いていく生き方を自分自身ができるかどうか。ドローンで空中から見ているように自分自身を見ながら、生きていけるかどうか」ということが大事なのではないでしょうか。

この世的な価値観をチェックすると同時に、「信仰観のなかで、あの世的にいろいろと混ざっていたり、分裂《ぶんれつ》したり対立したりしているもの」についても、だんだんに整理していかなくてはならないのではないかと思います。

私の願いは、「幸福の科学で説いている教えが、できるだけ早く世界標準になること」です。それを祈っています。

現代の文明の利器が正しく使われれば、それは昔とは違って、もっと速い速度で世界中に広がっていくのではないかと思っています。

そういう意味で、人間の力を合わせて生きていくことが大事なのではないでしょうか。

すべてについて述べることはできませんが、本章では、「人として賢く生きる」というテーマに対して、一定の方面からの答えを出せたのではないかと思います。

第2章

人間の運命について

二〇一八年五月二十九日　説法《せっぽう》
幸福の科学　特別説法堂にて

1　人間の運命は過去世《かこぜ》で決まるのか

「努力しなくてもよいのだ」と開き直っていないか

本章は「人間の運命について」という話なのですが、内容的には、いろいろなものが入り込《こ》める余地があります。ただ、その全部というわけにもいかないので、最近、私が感じ取ったことのなかで、「いろいろな教えを説いてきたけれども、もしかしたら、まだ分かっていない方がいるのではないか」と思うことがあったため、それについて話をしたいと思います。

例えば、幸福の科学では「過去世《かこぜ》リーディング」のようなものをよく行《おこな》っていますが、〝ビッグネーム〟が出てくることもけっこうあります。リーディング対象者が過去世で非常に偉《えら》い人だったというのが出てくることがあるのです。

それで、教団のなかでも、わりあい偉くなって活躍《かつやく》する人もいるのですが、しばらくはよくても、その後はスーッと消え込む人もいます。あるいは、ビッグネームを背負っていたのに、「(現実には)あまりできないではないか」というようなことで、だんだんに下がってくると、自信がなくなったり、自分に自信が持てなくなってあれこれと不平不満が出るような人もいます。

過去の三十数年間で、そういうケースを多々散見《さんけん》してきました。ですから、このへんについては難しいところがあると思ったのです。それと同時に、もう一つ、日本でしたら神様と呼ばれる方がたくさんいて、古い人で名前が遺《のこ》っている人というと、神様というか神格の付いているような人が多いことは多いのです。それは、祀《まつ》られるからです。

(そういう過去世が分かると)〝すぐに祀られる〟ので神様だと思っている人が

いるのです。そうすると、「神様というのは、努力なんかしなくても神様は神様なのだ」といった感じの考え方を持つ人が多いのです。これにはやや問題もあるかと思います。

私は、幸福の科学の教えのメインの流れのなかで、やはり、「この世で努力・精進《しょうじん》せよ」ということを繰《く》り返し述べているはずです。「努力・精進せよ」と述べているし、もっと分かりやすく言えば、「平凡《へいぼん》からの出発なのだ」というようなことも言っています。

ところが、「いや、もともと神様だから、神様でよいではないか」ということで、「努力しなくても神様は神様」といった開き直りをすることも、ある程度ありえるわけです。

ただ、それがそういうふうに扱《あつか》われないと、要するに「扱わない人のほうが悟《さと》っていないのだ」というような感じのものの考え方をする人も、一部出てきます。

このへんのところの考えを、もう少し整理しないといけないのではないかと思っています。

なぜ日本には神様がこれほど多いのか

日本の神様の「神」というのについては、渡部昇一《わたなべしょういち》先生も「なぜ日本には神様がこれほど多いのか」という話に関して書いておられました。「八百万《やおよろず》の神々」というと八百万《はっぴゃくまん》ですから、それはちょっと考えても多すぎます。昔の人口はそんなにいるはずはなく、二千万とか三千万とかしかいなかったので多すぎます。日本の「神」の概念《がいねん》のなかには、同音異義語である上下《じょうげ》の上《じょう》、上《うえ》という意味での「上《かみ》」「お上」、いわゆる役人などを「お上、お上」と言っているのと同じ意味合いも入っていたのではないかということです。

ですから、その時代に身分が高かった人、一定の身分以上の人は「お上」と呼ばれていたこともあるし、奉行所《ぶぎょうしょ》あたりでも「お上」は存在していました。あるいは、剣豪《けんごう》などには上泉伊勢守《かみいずみいせのかみ》や伊藤一刀斎《いとういっとうさい》のような人がいますが、「〇〇の守《かみ》」と付いていることもあります。

何か抜《ぬ》きん出た実績があって、役職に就《つ》いてある程度偉くなると、「お上」といわれる場合もあれば、「〇〇の守」になってしまうこともあります。このくらいだと県知事とか、今でしたら市町村のあたりでも十分に「上様《かみさま》」になりうるので、あるいは町長であっても場合によってはそうなるかもしれません。そういうことから言えば、確かに延べ八百万ぐらいは行くかもしれないということはあります。その可能性もあるでしょう。

「出家《しゅっけ》して修行《しゅぎょう》すれば仏になれる」と伝道していた初期仏教

「神仏」というものを英語に訳すときに、幸福の科学の国際本部のほうではよく「God or Buddha《ゴッド オア ブッダ》」と訳してはいますが、これらが一緒《いっしょ》になるかどうかというのは、問題はあるのでしょうか。

一方、同じように、神様の数が多くなるような考え方と似た考え方に、仏教のなかでも「みな仏になれる」というような考え方もあることはあります。おそらく、戦後、そういうニーズもまた多少あって、民主主義を強く押《お》し出すために、宗教学者や仏教学者が強く言っていたこともあるので、「仏になる可能性」についても、「数多い神」と同じような傾向《けいこう》は少し出てきているのではないかとは思います。これは、昔からあることはあるのです。

釈尊《しゃくそん》は、出家《しゅっけ》して六年間の修行《しゅぎょう》をして「悟りを開いた」ということを自分で感じました。そして、千里眼《せんりがん》で、鹿野苑《ろくやおん》という鹿《しか》の苑《その》に、かつて一緒に修行していた五人の修行者たちがいるのを視《み》て、釈尊は菩提樹下《ぼだいじゅげ》から鹿野苑のほうまで歩いていき、彼らを導いたのです。そして、彼らが仏陀《ぶっだ》の説く真理を学んで、後光《ごこう》が出るような段階といいますか、心の窓が開《ひら》けて天上界《てんじょうかい》に同通し、後光が出るような状況《じょうきょう》になったときに、これを「阿羅漢《あらかん》」と呼んでいます。このあたりが、最初の段階としては悟りと呼んでいたレベルなのです。

そういうことから、「みな仏になれる」というような教えが、その当時、多少あったことは事実です。初期のころには、伝道するときにも、「あなたがたも出家して修行すれば仏になれるよ」といった感じで広げていたことは事実なのです。

最初は仏陀と五人の阿羅漢で、そのときに大きな組織はまだなかったので、この六人でいても、例えば「修行する者」と「托鉢《たくはつ》に行く者」との交替《こうたい》で、交替制で行ったりもしていたので、仏陀自《みずか》らも托鉢に行っていましたし、交替でやっていました。

釈尊は長い年数、四十五年ぐらいはやっていたはずで、やっている間にだんだん組織が固まってきて、教団が出来上がってくると、やはりだんだん扱いは違《ちが》ってきたことは事実です。ですから、仏教のなかにも教えの変遷《へんせん》はやはりあったと思うのです。

五人ぐらいを阿羅漢にするのもよかったと思いますが、これが五百羅漢ぐらいになってくると、五百羅漢がみな同じ仏陀だということになってきたら、これは意見が合うはずもありません。

例えば、「国会議員はみな総理大臣と同じだ」というようなものでしょうか。「国会議員になったら、もうほとんど総理大臣となったも同然」という感じになると、どうでしょうか。地元の選挙事務所へ行けば、「先生」ということで期待されるのですが、国会に来れば、例えば衆議院に五百人いたとして、そこから選ばれて総理大臣になることはあっても、それは同じではありません。「議員」あるいは「政治家」という意味では同じかもしれないけれども、その立場には違いがあります。

ですから、お役人を「お上」と呼んでもよいのですが、やはり役人のなかでも立場はいろいろとありますから、上下がまたついています。

そのように、違いはあるので、呼び方が同じであっても同じではないところがあります。

長く修行《しゅぎょう》しているうちに、悟《さと》りに差が出ていた仏弟子《ぶつでし》

もともと、仏教そのものには、別に「カースト制を潰《つぶ》せ」というような運動まではいっていなかったのではあるけれども、現代のインドでの新仏教は、ややカースト制破壊《はかい》型の運動を展開しています。ただ、仏陀はそこまでは言ってはいませんでした。

カースト制というのは、いちばん上にバラモンという僧侶《そうりょ》階級、二番目にはクシャトリヤという武士階級、それからヴァイシヤという商人階級、シュードラと

いう奴隷《どれい》階級があり、さらに、奴隷階級より下の人がまだいて、いわゆるアンタッチャブル、「触《ふ》れてもいけないぐらい穢《けが》れがある」と言われる人たちもいたわけですが、仏教では出家を認めています。

もちろん、条件があることはありました。例えば、最初は男性だけでしたし、途中《とちゅう》からマハーパジャーパティーやヤショーダラーの出家を認めたあたりから尼《に》僧団《そうだん》ができて、女性も仏陀教団に入れるようになりました。

当初はやはり出家の順で兄弟子《あにでし》・弟弟子《おとうとでし》というのが決まっていて、それでやっていました。もちろん長くやっていくにつれて、だんだん力に差も出てくるし、悟《さと》りにも差が出てきます。

だいたい、男の比丘《びく》は十年ぐらい修行《しゅぎょう》すれば「和尚《おしょう》」といわれる立場になりますが、和尚さんというのはお寺が持てるレベルです。比丘尼《びくに》の場合は十二年ぐらいと戒律《かいりつ》制定されていますが、十二年ぐらい修行すれば「和尚尼《おしょうに》」になれるわけです。それは、弟子を取って育てられるレベルになるというところでしょうか。

このあたりのレベルは、おそらく、幸福の科学で言うと支部長ができるぐらいのレベルあたりを要求しているのではないかと思うのですが、一定の修行年数および活動実績、あるいは心境など、そういうものも合わせてのことかと思います。

ただ、もちろんそういうふうになっても、教団を危機に陥《おとし》れるような犯罪行為《こうい》を行《おこな》ったり、戒律破りをして許されないレベルまで行《い》ったような人の場合は、「教団から追放」という刑《けい》もあることはありました。仏教は平和な宗教ではあったので、教団追放というものが死刑に相当するいちばん重い刑ではあったのです。そういう意味で、教団追放というのは還俗《げんぞく》です。そういう場合が全部、還俗と一緒であるわけではないけれども、「教団追放」というものもあることはありました。

ですから、最初のころはわりあい比較《ひかく》的早く悟ったような感じが出ていたと思いますが、やはり、だんだんに修行年数を要求するようになっていきました。

「和尚になるのに十年は要《い》る」というようになっていきましたし、だんだん「長老」とか「長老尼《ちょうろうに》」とかいうのは出てきましたので、やはり格の差はあったと思います。

当時は、通信連絡《れんらく》手段が今ほど発達していないので、いろいろな地方に伝道しに行ってみても、それぞれのところでの核《かく》になる人はいただろうと思われます。

そういう意味で、そのあたりは、ある程度阿吽《あうん》の呼吸で分かっていることではありました。一般《いっぱん》信者と出家者の違い、あるいは出家者のなかでも、それぞれの「修行の年数」、難しい言葉で「法臘《ほうろう》」といいますが、この「法臘」とか「阿羅漢になっているかどうか」とか、いろいろな意味で区別はあったということです。

2 「触《さわ》らぬ神に祟《たた》りなし」の霊的《れいてき》意味

祟りを恐《おそ》れて千年間も祀《まつ》られてきた「平将門《たいらのまさかど》の首塚《くびづか》」

日本の神にも上から下までいろいろあるので、一緒《いっしょ》にしてはいけないのですが、日本の神のなかには動物まで神として祀《まつ》っているものもあります。例えば、蛇《へび》を祀った蛇神や、猿《さる》を祀った猿神、それから狐《きつね》を祀っているお稲荷《いなり》さん、あるいは狸《たぬき》も祀られているし、いろいろありますので、何らかの謂《いわ》れはあるのだろうとは思います。

特に日本の場合は、本当にこの世的に実績があがって非凡《ひぼん》な業績があるために神になる場合も多いことは多いのですけれども、それ以外に、「本当は不成仏霊《ふじょうぶつれい》になっていると思われるが、祟《たた》ってくるのが怖《こわ》い」ということで祀ることがあります。

要するに、〝ご機嫌《きげん》を取る〟ということです。ご機嫌を取ることでなだめるというのも、あることはあるのです。あまりに大きな祟りを起こしたりしたような場合は、地獄《じごく》に堕《お》ちていたとしても、一定の霊力というかスーパーナチュラルな力、魔法使《まほうつか》いの例で言えば魔力でしょうが、そういう力があるものを、ちょっと怖いので祀ったりすることがあるのです。

例えば、平将門《たいらのまさかど》の首塚《くびづか》などがまだあると思いますが、あれなども、別に神様として祀らなければいけないものではないとは思うのです。平将門は東国《とうごく》で反乱を起こして平定されましたけれども、やはり、ちょっと怖かったので祀ったのでしょう。

ただ、ごく最近まで首塚にまつわる祟りはずいぶんありました。今はなき日本長期信用銀行が大手町《おおてまち》にあったのですが、その敷地《しきち》の一角《いっかく》に「平将門の首塚」があって、それはみな怖がっていました。

今は建物が替《か》わってほかの銀行になっていますが、私は建て替えられる前の日本長期信用銀行が存在していたころを知っています。そこは、「なぜ、このようにしたのか」と思うような、黒い御影石《みかげいし》の、もうまったく墓石《はかいし》のような感じのもので建物が建てられていて、建物自体にも何か少し怖いものがありましたが、その一角に「平将門の首塚」があったのです。

そのため、みな、そちらに背中を向けて座《すわ》らないようにしていました。窓際《まどぎわ》で座ると祟りがあるというので、その角度だけは怖がっていました。

日本長期信用銀行の建物は、そのあと建て直しをやり、新ビルになりましたが、上が出っ張って、なかが引っ込《こ》んで「コ」の字型のようになっていました。まるで積み木のようで、普通《ふつう》ではちょっとありえない感じの建物を建てていました。

私は、その新しい建物を見たときに、「この建物は、地震《じしん》が来たら壊《こわ》れるのではないかなあ。ここに柱が立っていないから、グシャッときたらいくのではないか。見るからに不安な感じがするな。〝首〟が折れそうな感じの建物だな」と思いましたが、そのあと会社が潰《つぶ》れてしまいました。

一九九〇年代に法改正があったのですが、長期銀行というのを法で護《まも》るのをやめたのです。それによって、普通銀行でもできるようになったので、法改正で長期銀行はあっという間に潰れ、統廃合《とうはいごう》されていったのですが、何かそういうものがずっとついて回っているところはありました。

ただ、仲は良い銀行でした。昔、（商社時代に私も）何度か仕事で行ったことはありますが、長い廊下《ろうか》の真ん中に赤絨毯《あかじゅうたん》が敷《し》いてありました。

また、長銀レディのマナー本とかが出ていて、けっこう売れていました。長銀レディにマナーを学ぶということで、そこの女性たちが働く女性の見本のように書いてありました。

私も何度か仕事で行ったのですが、それほど模範《もはん》的かどうかは分かりませんけれども、歩き方がロボットの××君のような感じで、手を振《ふ》りながら歩くのです。

そのため、こちらもハッという感じで後ろをついていかなければいけないのです。二、三メートルちょっと後ろから、ハッ、トッ、トッとついて歩くのですが、制服の後ろに入っている縦線が床《ゆか》のラインの上をまっすぐ歩いていくような感じで、トッ、トッ、トッ、トッと案内されました。

そして、部屋に行ってコンコンとして開け、「こちらでお待ちください」という感じでまたドアを閉めて、しばらくしたら担当者がどこかから出てきて会うという感じの、そういう会い方なので、ほかの銀行とまったく違《ちが》うのです。ほかのところに行くと、応接室など、どこかでパッとすぐに会えるのですが、長銀だけは、廊下を案内されていって会うというような、不思議な銀行ではあったのです。

何を述べていたかというと、「平将門の首塚」の話でしたが、それを千年間も祀っているというのは、やはり、よほど怖かったのでしょう。

しかし、二十世紀でも、祟りがあった例はけっこうたくさんあります。取り除《の》けようとすると、やはり事故が起きたりするので、怖くてできなかったということがあるのです。

同じようなことは、東京の羽田《はねだ》でもありました。羽田にも赤い鳥居が建っていたのですが、飛行場を拡張するのに鳥居が邪魔《じゃま》だということで、GHQの指令で鳥居を壊そうとしたら、クレーン車が引っ繰《く》り返ったり、人が亡《な》くなったりするようなことが二度、三度と続いて、みな怖がってしまい工事をやらなくなりました。それで、飛行機がバンバン飛んでいるのに、いつまでも赤い鳥居だけがずっと見えているという経験を私もしたことが実際にあるのです。

もっとも、最近はさすがにもうなくなったのではないかと思いますが、何度か事故が起きると、拡張工事を工事現場の人も怖がってしまったわけです。そういうことはありました。

そうした祟りを起こすようなものであっても、「一種の神様である」と思われていることはありました。

おそらく、日本全国で豪族《ごうぞく》とかいろいろな者が反乱しても、もちろん、征服《せいふく》したほうが神は神なのでしょうけれども、鎮《しず》められたほうも、今後、暴《あば》れたり仇《あだ》をなしたりするのではなく、逆に、鎮護《ちんご》国家のために役に立ってくださいという意味で、神格を与《あた》えられるようなこともあったのではないかと思います。

日本武尊《やまとたけるのみこと》などは、熊襲《くまそ》退治に行ったときに熊襲建《たける》を退治しました。女装して行って酒宴《しゅえん》に参加し、たけなわのころにパッといきなり被《かぶ》り物を取って斬《き》りかかって、豪傑《ごうけつ》の熊襲建を討《う》ったのです。

熊襲建は死ぬ間際に、「あなたはすごい。大したものだ。今まで俺《おれ》を倒《たお》せた人などいやしない。『建』という名前をあげるから、以後、使うがよい」というような感じでした。日本武尊の下の名前は、もともとは熊襲建の「建」からもらったものです。

これはやや不思議な関係ですけれども、「アニマが移る」というような感じにちょっと似たものでしょうか。そういう感じです。南の国であれば、「霊力の強そうな猛獣《もうじゅう》などを食べるとアニマが移って強くなる」というような信仰《しんこう》もありますし、「酋長《しゅうちょう》等を殺して食べたりすると霊力が移る」というような信仰もありますが、多少、日本にもあったのかもしれません。

そういうことで、日本では、霊になってからも恵《めぐ》みを与える神だけを「神」と思っていたのではなく、災《わざわ》いをなすものも、一部「祟り神」として恐《おそ》れていたのです。

日本経済が三十年近く低迷《ていめい》しているのは「菅原道真《すがわらのみちざね》」の影響《えいきょう》か

あとは、平安時代最大の祟り神としてあるのは菅原道真《すがわらのみちざね》でしょう。大臣にまで出世していたのに〝島流し〟されて、大宰府《だざいふ》に流されていったのですが、今は「学問の神様」として祀られていますし、効くのかどうかは知りませんが、学問以外のお守りもたくさん売られていると思います。受験シーズンにはたくさんの人が来ていますし、分社もあるので、そちらにも人は行っていると思いますが、確かに、勉強もできた方ではあるのでしょう。「もう、唐《とう》で学ぶことはない」と言って、遣唐使《けんとうし》を廃止した方でもあります。

最近では、日本の総理だった宮澤喜一《みやざわきいち》として生まれたのではないかと言われているのですけれども、確かに、あの人が首相になったあたりから、日本の景気が急に腰折《こしお》れして、何かもののけに取り憑《つ》かれたかのように、もうほぼ三十年近く日本景気は低迷《ていめい》しているのです。

ただ、政府の発表では、「すごい好景気が続いた」などと言うわけです。小泉《こいずみ》純一郎《じゅんいちろう》さんのときも、「長期景気が五年ぐらい続いた」とか、安倍晋三《あべしんぞう》さんのときも、「長期景気が続いている」とか言ってはいても、本当は微少《びしょう》なものです。

景気というのは、えぐれたあとに少しは戻《もど》るので、戻ったような感じを〝好景気〟と言っているのですが、実際、日本のＧＤＰは三十年前とほとんど変わっていないのです。

「それは人口が増えないから変わらない」というのは、普通は、そういうわけではないのです。ＧＤＰは人口とは関係なく、もう少し増えたものなのですが、国全体が何かに取り憑かれているように見えなくもありません。そういうものもあります。

ですから、昔、神様だったといっても、神様といわれる場合、本当に天下統一をしたような人もいれば、神様のなかには天皇になった人もいるけれども、逆に、豪族レベル、あるいは征服された側だったにもかかわらず祀られた人もいることはいるので、必ずしも「神」という名で一括《ひとくく》りにしてよいかどうかは分かりません。

祟《たた》り神的な神様のところには縁《えん》をつけないほうがよい

日本には稲荷信仰や蛇神信仰などがありますが、それは本当に善《よ》きものかどうか分からないところはあります。「祟《たた》らないように祀った」というような意味もあるかもしれません。

これは以前にも話したことがありますが、吉野《よしの》の吉野桜がある奈良《なら》県から和歌山のほうのあたりに、「脳天大神《のうてんおおかみ》」という、蛇を祀っている神社があります。私は、今は亡き兄と一緒に、吉野桜が美しいので見て歩き、谷底のほうまで降りていきました。昔、三メートルぐらいの大蛇《だいじゃ》がいたらしく、それで困っていたのですけれども、退治に成功したということでした。しかし、それを畏《おそ》れ多いので祀っていたということです。祀って神社にしているので、いちおう神社になっています。

そこを見学して、「うん？　これは危ないな」と思って旅館に帰ったのですが、やはり、その夜、「われ、脳天大神なり」と言って、旅館に蛇の姿をした霊で出てきて、夜中一晩、格闘《かくとう》したことがあります。

本当に、めったな所に行くものではありません。「危ない」「これは危ないのではないか」と思った所へは、やはり直感どおりあまり行かないほうがよいと思います。よい神様なら構いませんが、「触《さわ》らぬ神に祟りなし」と言われるように、祟り神的な神様のところには縁《えん》をつけないほうがよいのです。そういうことがあります。

そういうことで、「神」という言葉が（名前として）もう完全にあったとしても、本当はどうであって、実態がどうであったかはいろいろです。例えば、「身分があったがゆえに、神だと思われている人」、あるいは「不遇《ふぐう》な死に方をした人」などもよく祀られています。もちろん、不遇な死に方をしても天上界《てんじょうかい》に上がっている人はいますが、上がっていない人もいるわけです。このへんはいろいろです。

ですから、過去に名前がある方で、教科書などに書かれていても、「実際に、その人がどうだったのか」、例えば「悟《さと》っていて、人々を導くような神だったのか、そうではなかったのか」については、やや分からない面はあると思います。

一般的《いっぱん》に、私たちが「神」と認識するのは、徳があって人々に慕《した》われていたり人々を教え導いたりした人たちのことです。そのなかでも、神にも序列があるというように考えています。

3　仏になる可能性を説く「仏性《ぶっしょう》」の教え

「仏」というものについても、仏教では「仏性《ぶっしょう》あり」という言い方をしていますが、これが、『法華経《ほけきょう》』等がいちばん流行《はや》った理由ではあるのです。

『法華経』はなぜ流行ったかということですが、『法華経』そのものを読んでみても、現代語で読むと、あまりありがたみがないお経ではあるので、「なぜ、このお経はこれほど流行ったのだろうか」とも思うのですが、「教相判釈《きょうそうはんじゃく》」といって、中国の天台智顗《てんだいちぎ》がいろいろなお経を比較分析《ひかくぶんせき》しているというのも、もちろんあります。

当時は考古学的なものの見方や年代測定などはできないので、お経をいろいろと読んでも、すべて釈尊《しゃくそん》の直説《じきせつ》だと思われていたのですが、内容によってこれを教相判釈をして時期を分けたのです。

これは『阿含経《あごんきょう》』がどうで阿含時《じ》だとか、『華厳経《けごんきょう》』というのは華厳時だとかいうように、釈迦《しゃか》が四十五年の間に説かれた、その時期によって、やはり違《ちが》いがあるのではないかと考えたわけです。

そして、最後にして最勝、いちばん力のあるお経が『法華経』で、これが釈迦の晩年、七十代から八十歳《さい》ぐらいのときに霊鷲山《りょうじゅせん》で説かれた教えではないかというような結論に、教相判釈した結果、なったということです。

ただ、後世の分析によれば、やはり『法華経』には、その当時、釈尊より先に亡《な》くなっていた人がたくさん登場したりしているので、実際に霊鷲山、鷲《わし》の峰《みね》で修行《しゅぎょう》していなかった人が書いたものであることは、ほぼ確実だと思われるのです。

伝え聞いて書いているものを、後世にまとめたものだというように思われています。

例えば、二大弟子《でし》といわれる大目連《だいもくれん》や舎利弗《しゃりほつ》が出てきて問答《もんどう》したりしているのですが、実際は先にもう亡くなっているので、ありえない部分があったりもします。仏弟子がすべて出てくるのですが、そういうわけではなかったので、ちょっと違っているのです。

ですから、そういったはっきりしたものではなく、言い伝え等をまとめて仏典《ぶってん》の結集《けつじゅう》もしていますが、そこから派生していって、いろいろな集まりがあって、何百年かの間に「どのお経を中心にするか」というような分かれ方ができてきたのではないかと思います。『法華経』はそのようにして再編集されたものだと思います。

では、天台智顗はなぜ、「『法華経』が最勝のお経だ。これが仏陀《ぶっだ》の真説《しんせつ》だ」と思ったのでしょうか。

『法華経』には、「みな仏になれる」というようなことが書かれています。今は民主主義の世の中になっているので、おそらくそういう考え方がいちおう受けてはいるのだと思います。また、後半のほうでは「久遠実成《くおんじつじょう》の仏陀」ということも書かれています。「永遠の仏陀」という考えが出てくるのです。ですから、内容的に見れば実は矛盾《むじゅん》しているのです。一つのお経のなかで、「みな仏陀になれる。仏になれる」という教えと、「久遠実成の仏陀」というのとが両方出てきているのですから、これは不思議なことです。

ただ、現代的なマーケティングの理論でいくと、確かに、かなり優《すぐ》れたマーケティングがなされているとは思うのです。「久遠実成の仏陀」というものを立てることによって、西洋あるいは中東の神様に負けないだけの世界宗教性を打ち出すことができる、「一神教」に伍《ご》していけるということです。

肉身の、肉を持った仏陀が本当の仏陀ではなく、例えば、仏には「法身《ほっしん》」というか、法の身もあれば、「報身《ほうじん》」という霊界《れいかい》で霊体《れいたい》を持ち人間風の形を持った姿もあれば、「応身《おうじん》」というこの世に生まれてきた姿もあって、仏というのは「法身、報身、応身」というような感じで形が分かれるようになっているということです。

法身の仏陀そのものが、釈迦牟尼仏《しゃかむにぶつ》としてネパールに生まれ、インドで修行して悟《さと》られた方、肉体に宿って生きられた「人間・仏陀」（応身に当たる）であって、そのなかにある本当の法身仏そのものが「久遠実成の仏陀」であり、「永遠の仏陀」であり、昔から仏陀で、今後も仏陀なのだという考えがあるのです。

これで、いわゆる「一神教」と同じような形式をつくることができるわけです。

しかれども、この『法華経』に基《もと》づいて学んでいった人たちはみな仏になれるのだという考えもあります。この「仏」というのを、どのあたりの意味で言っているのかはちょっと分かりません。どのレベルを「仏の世界」と考えていたのか、やや微妙《びみょう》なところはあるのですが、最低限でも「天上界《てんじょうかい》」という意味でしょう。最低限でも天上界という意味だと思うのですが、それよりもう少し上の、いわゆる「菩薩界《ぼさつかい》」以上のレベルまで言っていたかどうか、当時の意識はよく分かりませんが、イージー（安易）に考えれば、そういうふうに考えていた可能性はあると思います。ですから、もう少し上だと思っていれば、菩薩、如来《にょらい》や天使たちなどに当たるようなあたりを「仏」というふうに呼び、「そこまでは行けますよ」と言っていた可能性があります。

あるいは、初期の仏教の考え方から言えば、阿羅漢《あらかん》の状態といいますか、悪霊《あくれい》等を取り除き、自分の守護霊《しゅごれい》と一体になって天上界と同通する状況《じょうきょう》になれたということです。幸福の科学などでも霊と交信できるような人は増えてはいますから、そういったことは昔もあっただろうと推定されます。そのあたりを「仏」と言っていた可能性もあるとは思います。

4 「信じれば救われる」型宗教の誤解されやすい点

「みな仏になれる」という簡単な教えにも例外はあった

『法華経《ほけきょう》』というのは戦後も人気があるし、もっと昔から人気はあるのですが、ただ、そのなかにも問題点がないわけではなく、やはり歴史的にはかなり疑問を生んできています。

天台智顗《てんだいちぎ》の場合も、『法華経』を最勝と言いつつも、「一念三千《いちねんさんぜん》」の教え等もあって、「人間の心というのは、そのあり方で、どの世界にでも通じる」ということを彼は語っています。

ただ、一念三千のほうは言い方が少し難しいので、「みな仏になれる」というほうが簡単と言えば簡単です。これなら、例えば、浄土真宗《じょうどしんしゅう》などの浄土教の『南無阿弥陀仏《なむあみだぶつ》』だけでも救われ、阿弥陀様が救ってくださる」という教えに、十分に対抗《たいこう》できます。

あるいは、キリスト教の「イエスを信じるだけで天国に入れる」という教えにも対抗は可能です。そういうふうになるので、教えが簡単になっていく面はあったとは思います。

『法華経』のなかで「みな仏になれる」「みな仏性《ぶっしょう》がある」と言っているのは、「仏になる可能性がある」ということを言っているのです。

ただし、『法華経』には、「仏陀《ぶっだ》を誹謗《ひぼう》中傷《ちゅうしょう》したり、正法《しょうぼう》を誹謗中傷する者は除く」という例外も書かれています。万人《ばんにん》救済の『法華経』であっても、その『法華経』そのものを否定する人まで救済しなければいけない理由は、ないと言えばないわけです。

例えば、「私は『法華経』を信じていません。私が信じているのは『阿含経《あごんきょう》』です」「『華厳経《けごんきょう》』です」、あるいは「『浄土三部経《じょうどさんぶきょう》』です」と言われたり、「『法華経』は嘘《うそ》だと思っていますが、『法華経』によって私も仏になれるのでしょうか」と言われれば、「バカを言うな」となるのは、論理的には当たり前のことでしょう。

『法華経』を信じ、『法華経』を仏陀が説いた直説《じきせつ》・金口《こんく》の本当の教えだと信じている者は、もちろん仏になれる可能性があるけれども、「それを否定する者、一闡提《いっせんだい》はこれを除く」というようにも、『法華経』には書かれています。なお、この一闡提というのはちょっと難しい字で、現代語では書けないし、パソコンで出てくるかどうかはちょっと知らないです。

そういうことで、要するに「真実の仏陀」を否定したり、「仏陀の説いた法としていちばん勝《か》っている、『最も〝勝っている〟、〝優《すぐ》れている〟』という意味で最勝《さいしょう》の法だと思われていた『法華経』」を否定する者までも救う気はないというようなことが、はっきりと書かれているのです。

キリスト教信者が国ごと増えていった理由

これは、キリスト教でも同じでしょう。イエスを否定し、天なる父を否定する者をキリスト教が救うかというと、それは救わないでしょう。

ただ、それをもっと広げていって、教会に所属しない者は救われない、要するに、キリスト教の信者ではない人は基本的に地獄《じごく》に行くことになっているので、埋葬《まいそう》もされないし、お墓《はか》もつくってくれないということが長らくの問題になっています。

そのように、「埋葬もしてくれず、葬式もやってくれない」ということになると、みな困るので、そういうことがキリスト教信者が国ごと増えていった理由でもあるわけです。意外に、背景にはそういう原理があることはあるのです。

さらに付け加えると、日本の仏教的な思想、神道《しんとう》もそうかもしれませんが、地獄に堕《お》ちても、改心すれば天国に上がれることになっています。しかし、キリスト教のもともとの教えから見れば、要するに、地獄に堕ちたら永遠の生命を失ったことになるので、もはや人間として生まれることもできないし、地獄から出られないことになっています。これはかなり言い方が厳しいわけです。

ところが、これをヨーロッパに広げていく段においては、イエスが生まれる前の先祖からの宗教がたくさんありました。ゲルマンの宗教というか、ケルトの宗教、ドルイド教などたくさんあるし、キリスト教以外の宗教もありましたので、そういう宗教を信じていた人たちは、キリスト教信仰《しんこう》に変えたときに、「じゃあ、うちのお父さん、お母さん、じいさん、ばあさん、ひいじいさん、ひいばあさんはどうなるんだい？　みんな地獄から出られないのか。それはフェアではないではないか。イエスが生まれていなかったんだから、それは信じようがないじゃないか。それなのに、そういう人まで『悪人で地獄行き』というのは、それはないじゃないか」ということがあったのです。

そこで、地獄も〝中二階《なかにかい》〟にして「煉獄《れんごく》」というものをつくり、「煉獄にいる者は、キリスト教を信じるようになったら天国に上がれる」というようなものも考え出したりしたわけです。

ただ、これについては、まだカトリックとプロテスタントで、いろいろな意見、確執《かくしつ》があり、解釈《かいしゃく》上、若干《じゃっかん》の意見の違《ちが》いはあるようです。

そういうことがありまして、幸福の科学では、キリスト教のほうからも「人間・神の子」のほうの思想を引き出す傾向《けいこう》が強いのですけれども、キリスト教の大多数のほうは、どちらかというと「罪の子」の思想のほうが根深くあります。

「ご先祖様のアダムとエバが、サタンである蛇《へび》にそそのかされて知恵《ちえ》の木《こ》の実を食べたから、楽園を追い出されたということで、人間は救われなくなって罪を背負うことになったのだ。人間は労働しなければいけないし、お産の苦しみがついて回るようになったのだ」というような「原罪論《げんざいろん》」が、ずっとあったのです。

そういう原罪論が流れてくるなかで、キリスト教は、「いや、実は、イエスが十字架《じゅうじか》に架かったことで、そうした人々の罪を贖《あがな》ったのだ。全部まとめて罪を贖ってくれたのだ」ということを言いました。ですから、要するに、イエスの「お振《ふ》り替《か》え」と言えば「お振り替え」です。

「イエスにお振り替えをして、イエスが救ってくれる。そのためには、十字架に架かったイエスを信じなさい。信じることで、イエスがすべてを被《かぶ》ってくれるのだ」という、やや都合《つごう》のよいと言えば都合のよい教えではあるのですけれども、「信じれば、あなたの罪をみな背負ってくれるのだ」という感じでしょうか。

ですから、「信じることで救われる」というのがキリスト教であるわけです。

「悪人こそ救われる」という親鸞《しんらん》の教えは、悪事の勧《すす》めではない

これは日本で言うと、いわゆる「阿弥陀仏を信ずれば救われる」という法然《ほうねん》や親鸞《しんらん》などの思想に非常に近いところがあります。

法然などはまだ、十分に学者で、いろいろな経典《きょうてん》まで勉強していましたけれども、親鸞は、比叡山《ひえいざん》で修行《しゅぎょう》しているうちは勉強していましたが、罪人《ざいにん》として新潟《にいがた》に流されてからあとは、「しょせん自分は、もう罪人《つみびと》だ」ということで、「半分は俗人《ぞくじん》、半分が出家《しゅっけ》」というような状態になり、妻をもらって、妻帯をして子供もできます。新潟で現地妻ができるし、京都でもできるというような感じで、「本来の、いわゆる仏教の本流からいくと、どうせ、こんな自分は救われるはずがない」と思っていたのですが、阿弥陀経で「阿弥陀仏を信じるだけで救われる」という教えがあって、それで救われるわけです。

さらには、最初、「南無阿弥陀仏を百万遍《べん》ぐらい称《とな》えないと救われない」という教えもありました。京都には「百万遍」という所もありますけれども、百万遍というのはけっこう大変です。実際にやっている人もいますが、何メートルもある大きな数珠《じゅず》があって、何人かの信者で一個ずつ珠《たま》を動かしながら、「南無阿弥陀仏、南無阿弥陀仏」と数えていくのです。どこで百万回になるまで数えられるのか、私もよくは分かりませんけれども、数珠を使う場合は珠で数えるようです。

そのように、「百万遍称えたら救われる」というようなものがあったのですが、だんだんと短縮していき、「十回ぐらいでもいいんじゃないか」「一回でも、まあいいんじゃないか。救われるのではないか」となって、とうとう最後には、「称えなくとも、発心《ほっしん》を起こしただけで、もう救われるのだ」というところまで行きました。親鸞は、そこまで行ったのです。発心だけで救われるのだというようなところまで行っています。

ただ、そうすると、当然、この世的には誤解する人がたくさん出てきます。「浄土真宗を信じれば救われる」ということであれば、「どんな悪を犯《おか》しても、みな帳消しにしてくれる」というように考える人も出てきたのです。親鸞の長男が関東で伝道をして、支部長のような感じでやっていたときに、要するに「悪人ほど救われるんだから、もっと悪事を働いてもいいんだ。ここに、こんなにいい薬があるからいいんだ」というような感じの布教《ふきょう》の仕方をしていました。それを、間違っていると親鸞が諫《いさ》めたり、手紙で諫めたりするのですが分かってくれません。彼からすれば、「親父《おやじ》が言っていることは、そういうことじゃないか」というわけです。

確かに親鸞は、極悪深重《ごくあくじんじゅう》の、要するに「罪深い人」ほど救われると言っています。

それは、病人のたとえで言えば、「救急車で運び込《こ》まれた死にかけの重体の人のところほど、真っ先に救急医が来て看護師が集まって救おうとするでしょう」というようなものです。「ちょっと足が折れたとか手が折れたぐらいの人は、置いておいても、あとでゆっくり診《み》られるのだから、まずは、もう死ぬかも分からないという人のほうに行くでしょう。仏様の心もそれと同じで、罪深い人ほど救いたいと思っているのだ」ということです。

こういうことを親鸞が説くので、なかには、「悪を犯せば犯すほど救われる」というようなことを言って、〝マーケティング〟をしてやろうとする人も出てきたのです。

それで、親鸞は息子《むすこ》に、「これは間違っている」ということを手紙に書くのですが、息子のほうは分からないので、邪教《じゃきょう》になったということでとうとう義絶《ぎぜつ》、要するに親子の縁《えん》を切るところまで行ったのです。

ただ、それを〝邪教〟といっても、親鸞自身の教え方も、ギリギリ危ない間一《かんいっ》髪《ぱっ》のところを走ってはいるのです。

確かに、重病人ほど救いたいでしょうし、学校の先生なら勉強のできない子ほどかわいいだろうという言い方と似ています。

やはり、「百点を取る子には、もう教える必要がないのではないですか。九十五点の人だって、自分で勉強すれば、まあ何とかなるでしょう。でも、零点《れいてん》の人はかわいそうではないですか。零点の人にこそ学校の先生はついてマンツーマンで教えなければいけないのではないですか」という教えでしょう。

そうすると、「救い」や「愛」のある、とてもありがたい先生ではあるけれども、ただ、零点の生徒だけに先生が引っ付いて教えていて、あとはほったらかしにするというのは、やはり、ちょっと問題です。「いや、あなたは自力でできるでしょう？　勝手にやってください。自習をしてください」と言われるのであれば、「何となくおかしい気がするな。勉強ができると仏様に愛されないのなら、できないほうがいいのかな」というように思ったり、「包丁《ほうちょう》で二、三人殺してきたほうがいいのかな」というような感じになってしまうかもしれません。

明治以降の出家を見ていても、だいたい、浄土宗系というか、浄土真宗系には罪の意識の強い人が集まっていることがとても多いのです。宗教的真理としては、上手に表現して、禅《ぜん》の悟《さと》り風にキチッと教え込めれば、それでも分かることは分かるのですが、実は、本当に悟りに向かっている人というのは、自分自身を厳しく見るので、罪の意識が深いのです。

「自分は罪人《つみびと》だ」と思う人だからこそ、そういう人は確かに救えることは救えるのですが、「この世的なことで言うと、『懲役十年《ちょうえき》』と『死刑《しけい》の人』だったら、『死刑』のほうを阿弥陀様は救ってくださるというような感じだけではない」というところもあるのです。こういうのをやや間違わせるところはあるような気がします。

5　自助努力する人に天上界《てんじょうかい》の救いの手は伸《の》びる

謙虚《けんきょ》になって未熟な自分を認める人を神様は救う

ですから、「平凡《へいぼん》からの出発」ということもそうです。

「自分は平凡だし、いろいろな失敗や間違《まちが》いを犯《おか》したから、心を改めなければいけないな」と思っているような人は、これは、ある意味では、考えようによれば「他力《たりき》で救われる」ということだけではないのです。

自分自身の悪を知っているというか、反省すべき点を知っているという人は、「自分で救いを起こせる」というか、立ち上がるきっかけを持っている人でしょう。ですから、こういう人にこそ、「天は自《みずか》ら助くる者を助く」と言われるように天上界《てんじょうかい》からも救いの手が伸《の》びるのだと、私は言っています。

そうすると、外見上は、親鸞《しんらん》が言っていることとは同じではないように思われますが、現実に実感として見てきた人は、自分で自助努力しようとしている人のほうが、やはり悟《さと》りには近づいていきますし、そういうことに気がついた人は、やはり神仏の救いが近いような気がします。

また、逆の意味で、「自分はもう完璧《かんぺき》だ」とか、「パーフェクトだ」とか、「もう満ち足りていて、金もあるし地位もあるし、もう〝こりゃこりゃ〟で、働かなくても食べていける」などというような人は、なかなか真理に辿《たど》り着きにくい状《じょう》況《きょう》にあることも、現実、そうなのです。

昔から「貧《ひん》・病《びょう》・争《そう》」とは言いますが、貧しさ、病気、あるいは争いごと等、生きる上で悩《なや》みをつくった人たちが、この世でうまくいかないので宗教に救いを求めてくるケースは、やはり数多くあります。そのため、「貧・病・争」そのものを肯定《こうてい》しているわけではないのですけれども、それが、目覚めたり、あるいは神仏に帰依《きえ》したりしていくきっかけになるという点は、やはり重視しなければならないと思うのです。

ただし、これは、そちらがよいと言っているわけでは必ずしもありません。確かに、イエスの教えのなかでも、「貧しい人は幸いである」という教えもあるし、「天国はその人のものだ」というようなことを言うこともあるのですが、イエスが言っているのはこういうことです。

例えば、昔から宗教全体にあることですけれども、豊かすぎたり、あるいは物質的、金銭的に恵《めぐ》まれすぎたりしていると、ともすれば、その物質の力、お金の力で何でもやれるところがあるので、信仰心《しんこうしん》も弱っていくこともあります。また、自分の悪事であっても、お金でごまかせることは世の中にはいくらでもあり、そういうところで堕落《だらく》しやすいので気をつけなければいけません。これは、宗教的にはよくある警告の一つではあります。

あとは、イエスはお金のことだけではなくて、「この世で高くされる人は低くされ、低くされる人は高くされる」という言い方もしていると思うのですが、高慢《こうまん》、傲慢《ごうまん》になって威張《いば》り散らしたり、人をいじめたり、弾圧《だんあつ》したりしていたら、やはり、神様はそちらではないほうの人たちを救おうとするだろうということです。

ですから、「謙虚《けんきょ》でありなさい」と、いつも教えているわけです。「謙虚になって、まだまだ未熟である自分を認めなさい。神様は、やはりそちらの人のほうを救ってくださる。心が欲望で充満《じゅうまん》し、肥大化して、この世的な人間にならないように、清らかでありなさい。清らかであれば、神を見るでしょう」というようなことを言っているわけです。

宗教的な真理というのは、一見すると、この世の原理を非常に飛び越《こ》しているところがあるので、その額面どおりに取ると、非常に間違いやすいところがあるのですが、いちおう、そうした理解を多少加えなければいけないと思います。

「この世的地位」と「あの世での立場」は同じではない

幸福の科学でも、過去世《かこぜ》では偉《えら》い方などがいろいろと出たとしても、それは一種の希望の原理、勇気の原理として捉《とら》えてもよいと思いますし、私はもう何十年も前にそういうことをすでに言っているのですけれども、「過去世で偉い人だったというのなら、今世《こんぜ》でも、そういうふうになれるように、努力して頑張《がんば》りましょう」ということです。

この世でも名前も遺《のこ》らずに死んでいく人もいれば、実際には有名な人でも、過去の転生《てんしょう》を見れば、時代によっては無名で終わる人も大勢います。

これについては、渡部昇一《わたなべしょういち》先生の恩師でもあった佐藤順太《さとうじゅんた》先生が霊言《れいげん》で、「あの世には、無名の菩薩《ぼさつ》もたくさんいるんだよ。だから、みんなが知っている有名な人だけが偉いわけではないんだ。この世的に有名な人はたくさんいるけれども、それがイコール、天上界で偉いという意味にはならない」というようなことを言っています。

佐藤順太先生も、「自分も菩薩界にいるけれども、この世的に見れば、田舎《いなか》の山形に隠棲《いんせい》していたところを、教員が不足したので臨時教員で呼び戻《もど》されて、英語を教えたというぐらいの人間で、無名だけど、渡部昇一という人の人生に大きな影響《えいきょう》を与《あた》えて、彼が多くの人たちに菩薩としての仕事をやっていって、自分を尊敬してくれてやっていたから、おかげさまで、無名の菩薩ではあるけれども、私も同じような世界にいることはいるんだ」ということでした。

「だけど、この世的には将軍や大名《だいみょう》、天皇といった人がみな、そこにいるわけ

『新しい霊界入門』（幸福の科学出版刊）

ではないんだ。生きていたときは、お上《かみ》という意味では、そう言われていたとは思うけれども、死んでからは必ずしもそう言われているわけではない。ちょっと畏《おそ》れ多いことかもしれないけれども、先代の天皇も私たちより上にいるわけでもないし、私たちの世界にいるわけでもないですよ。その途中《とちゅう》のところにいるように見えます」というようなことを言っていたと思います。

要するに、この世的な名前や地位とは同じではないということです。そのへんを知ってほしいと思います。

「運命」は決定論ではなく、その途中《とちゅう》に「努力」が介在《かいざい》する

では、「運命」というものはあるのでしょうか。

魂《たましい》がこの世に生まれ変わってくるわけですから、生まれ変わってくるときには両親を選んで生まれてくると、幸福の科学では言っています。生まれてくると

きにお腹《なか》に宿るのに十月十日《とつきとおか》入りますので、両親を選んで生まれてくるときに、ある程度の計画、プランを持っていると思うのです。

例えば、「横綱《よこづな》になりたい」ということであれば、それはやはり、両親には、多少は体のしっかりした人を選ばなければ無理はあります。立派な体格の人で、ある程度、食料が手に入りそうな予想がつかないと、横綱になるのはちょっと無理でしょう。ですから、そういう横綱になれそうな両親の体を見て選んで、何らかのかたちで食料が手に入って体を大きくできるようなところに生まれてくるのを選ぶことはできるのですから、これは「運命」と言えるかもしれません。環境《かんきょう》は選べます。そういうところはあります。

それから、男女の違いも出るし、家庭を選んで出てきます。ここのところは運命かもしれませんが、これですべてではないのです。これだけでは横綱にはなれません。なぜでしょうか。

やはり、小学校で相撲《すもう》をし、相撲大会に出て優勝したり、あるいは中学校でも相撲をして優勝したりというようなことがあって、地方巡業《じゅんぎょう》をしている間に親方衆に目をつけられることもあるわけです。「北海道のどこそこに、いい中学生がいるらしい」ということで見に来たら、「うーん、なかなかいい。君、どうだ？相撲をやってみる気はないか」という感じで、十五歳《さい》ぐらいでスカウトされたりします。そして、国技館《こくぎかん》ではまだ痩《や》せた少年かもしれないけれども、そこから修業、稽古《けいこ》を積んでいくうちに、だんだんと認められて、勝率《しょうりつ》、勝ち数から、人間としての品格も見られながら、横綱に昇進《しょうしん》していくことがあります。

ですから、ある程度、この世で生まれてくるところを選べるところでは、運命的なところはあるかもしれませんが、これは決定論ではないわけです。やはり、その途中《とちゅう》に「努力」というものが介在《かいざい》するわけです。努力というのが介在し、そして、この努力のところが「縁起《えんぎ》の理法《りほう》」のところであり、「原因があって結果あり」というところなのです。

6 「情熱」×《かける》「考え方」×「努力」で人生を好転させる

悪い境遇《きょうぐう》を引っ繰《く》り返し、努力で偉《えら》くなった松下幸之助《まつしたこうのすけ》氏

たとえ両親が、例えばノーベル賞級の頭脳を持っているという人を選んで生まれたとしても、「親の頭がいいから、自分も頭はいいんだ。生まれつき頭がいいんだ」と思って努力をしなければ、それは普通《ふつう》の人になるでしょう。それは当たり前のことですけれども、普通の人になると思うのです。両親からもらった頭脳はもともとよくても、やはり努力をしてやらなければ、ノーベル賞級とまでは言わなくても、いわゆる秀才《しゅうさい》の部類にさえ入れないことはあります。

人間には、生まれつきの頭の賢愚《けんぐ》というものが、ある程度あるとは思いますし、

それは生まれてくる前に親を選ぶとき、多少は分かっているると思うのです。ただ、魂的《たましいてき》には非常に優《すぐ》れた魂が、今世《こんぜ》、もう一段の努力をしたいために、わざと厳しい環境《かんきょう》を選んで生まれてくることもあります。エリートの医者や弁護士、裁判官といったところを選んだのでは、自分の努力感や成長感が味わえないため、きちんとした普通のところではなく、もう少し厳しめのところを選んで生まれてくることもあるのです。また、いいところを選んで生まれてきたつもりでいたのに、途中《とちゅう》で親が破産したりするようなこともあるので、いろいろでしょう。

例えば、松下幸之助《まつしたこうのすけ》氏なども、生まれはよかったらしいのです。庄屋《しょうや》のような感じで村の取りまとめができるぐらいのところで、ある程度、豊かな家に生まれていたのですが、父親が米相場で失敗し、それで丁稚《でっち》に出されたということです。

しかし、そうした悪いことを引っ繰《く》り返し、努力して偉《えら》くなったわけです。ただ、こういう人は数としては少ないから尊敬されていることでもあるでしょう。

普通は、小学校の途中で丁稚に出されたら、丁稚からあとはだいたい一工員や一職人で終わってしまうのが普通でしょう。しかし、彼にはやはり学習能力というのがあったのでしょうし、偉大《いだい》な魂がいっそう花開くようなこともあったのだろうと思うのです。

稲盛和夫《いなもりかずお》氏の「人生を成功に導く考え方」

ほかには、京セラや第二電電をつくった稲盛和夫《いなもりかずお》氏という人もいます。最近では、日本航空の立て直しも行《おこな》った方です。そして、年を取ってからは、〝出家《しゅっけ》〟もされ、得度《とくど》して僧侶《そうりょ》にもなっていますが、経営塾《じゅく》等も開いています。

稲盛氏に言わせると、人間というのは、情熱×考《かける》え方×努力なんだということのようです。

やはり、「情熱のないような人」、要するに「やる気のないタイプの人」が成功することなどありえないでしょう。ですから、情熱は大事だと思います。

また、考え方というものもあります。考え方で、ポジティブかネガティブかというところがあり、ポジティブな考え方であればプラスになり、ネガティブな考え方であればマイナスになるということです。ですから、やはり、ポジティブな考え方を持つことが大事だと思うのです。

この「プラス」というのは、「考え方」がプラスということです。これは、「プラス何点か」ということでもよいのですが、要するに「プラスの考え方」を持っていなければ、成功などしないのだということです。「マイナスの考え方」であれば成功はしないということです。

それから、あとは「努力」です。この努力には「量」も入っていると思うのですが、どのくらい努力したかということで決まるのだというようなことです。

もっと言えば、それはもちろん「能力」の部分も入っているとは思うのですが、だからといって一律に決まるものでもないということです。

そこで、稲盛氏が強く言っているのは、その「考え方」のところです。

この人は『生命の實相《じっそう》』などを勉強した人の一人なので、そういう積極思考や光明《こうみょう》思想などを持っていた人ではあるのですが、ここがマイナスだったら駄目《だめ》になるということです。要するに、「成功」というのは掛《か》け算なのだということで、足し算ではなく掛け算なので、この三つのなかにマイナスのものが入っていたら、それぞれの数値がいくら大きくても駄目になるということです。

マイナスの考え方で国を運営すれば、発展しないのは当たり前

その意味で、今述べた「考え方」のところを言えば、例えば国会の報道等を観《み》ていると、役人などは極《きわ》めてマイナスの考え方、ネガティブな考え方で、否定的で建設的ではない考え方をよくします。とにかく責任を取らないでいいように逃《に》

げることをしますが、ここには、国の富が大きくならない、ＧＤＰが増えない理由がちゃんとあるような気がします。

以前、新聞等でモリカケ問題が取り上げられていましたが、その森友《もりとも》学園問題のなかで、「『一・五億円ほど余分にゴミ処理代がかかったというようにしてくれれば、その分、安くできる』というようなことを、役所の側から働きかけたのではないか」というようなことが新聞等に出たこともありますが、これでは、消費税をもう一回上げようとしている段階において、国民が不信感を持ったのは当然でしょう。税金を取られようとしているのに、その税金は、こんなふうに使われているのかというようなことです。役人が、そういうありもしないゴミをあったことにして、〝税金をまける〟というようなことがあったとしたら、「これが、犯罪か犯罪ではないか」ということにもなります。

法律上は、やはり犯罪を構成する構成要件を満たさなければいけないので、この場合の考え方には難しいものがあります。上のほうの政治家は、「何か対価をもらって、法律をつくったり政策を出したりしたというのであれば、それは犯罪に当たるかもしれないけれども、そういうものではないので、関係ない」というようなことを言っているようです。

ただ、そういうことは抜《ぬ》きにしても、一般《いっぱん》の考え方から見て「どうすれば多額の補助金を出せるか」といったことを、真実ではなく、公正、公平でない観点からやっているということであれば、一般の人たちが腹を立てて怒《おこ》るのも当然のことでしょう。そういうことがあります。

これはマイナスの考えということであれば、全体的にそういうマイナスの考え方をするような官僚《かんりょう》たちが社会主義的に国を運営しているのであるならば、これは、いつまでたっても国が発展しないのは当たり前のことです。

また、企業家《きぎょうか》等が事業をやろうとしても、いろいろな規則があって、「ああでもない、こうでもない」「あれは駄目、これは駄目」と、たくさん言ってきます。許認可行政等はそうでしょう。許認可の必要なものが数多くあります。

ただし、「許可」の場合は、確かに、内容的に立ち入っての審査《しんさ》もありますけれども、「認可」の場合は、形式が揃《そろ》っていたら政治思想を介入《かいにゅう》させず自動的に認めなければならないものなのです。学校法人等も基本的には認可制ですので、形式的なものがきちんと揃っていれば、それを認めなければいけないのですが、実際上はそうはなっていません。実際上は、政治的な判断もあれば、役人の考え方や、自分たちの権力を増やそうとする考え方等でいじられたりしていることもあります。また、マスコミ世論を与党《よとう》に追い風となるかどうか判断して、善悪の判断基準としています。「悪」なら認めないということです。

幸福の科学グループとして大学を設立しようとしたときも、やはりそうでした。書類と、質疑応答をした内容等が資料のすべてであるはずなのに、その書類とは関係のないところで、「幸福の科学には『霊言《れいげん》』というものがあり、こういうものが入っているので、学問としては疑わしい」などと言ってきたのです。時の文科大臣が自分の守護霊霊言《しゅごれいれいげん》を出さなければ「認可」もありうるという話も持ちかけてきました。「守護霊本」が出た後は、「自分は関西弁を話さないからニセ物だ」と言ってきました。守護霊が、京都や大阪《おおさか》生まれならどうするのでしょうか。

これは、認可要件には全然関係がない部分です。むしろ、憲法において「信教の自由」が認められているにもかかわらず、こういうことを言ってくること自体が公務員としては憲法違反《いはん》です（もし宗教法人設立等に際し、「認証《にんしょう》」という言葉が活《い》きているなら、法解釈《ほうかいしゃく》上は違憲《いけん》状態が常態化《じょうたい》している）。

憲法には「学問の自由は、これを保障する。」と書いてあり、そこに何らの留保条件も付いていません。あとは付帯条件として、いくら役所の権限を強くするようなことを数多くつくったり、「通達」などがあったりしたとしても、憲法には「学問の自由は、これを保障する。」と書いてあるのです。

特に、大学における「学問の自由」というものは、最も保障されていなければならないものです。義務教育等であれば、「国の方針に則《のっと》ってもらわなければ困る」というのはある程度分かるとしても、大学までそうするのはちょっと無理がありますし、そうさせるために補助金等を入れてコントロールしようとしたり、天下《あまくだ》りを入れようとするのです。そういうのが先に立って内容があとになっています。

このように、自分たちが補助金を入れたり、天下りを入れたり、天下り先をつくったりするほうが先になって、内容のほうがあとになっているようなことが多いのでしょう。こうした考え方がマイナスになっています。

このような役人が出てきて社会主義的な国家経営をすると、国家が発展しないことになっていくということです。

「増税施策《しさく》」は民間の情熱を失わせ、国民を堕落《だらく》させる

ほかには、民間の情熱を失わせることでマイナスになることもありえます。例えば、消費税にしても、もう増税増税と言われると、中小企業等はみな直撃《ちょくげき》となるので、そうとう苦しいでしょう。

消費税を上げられると、特に下請《したう》けなどは大変です。本社や親企業がその分を転嫁《てんか》しようとして、消費税分だけ下請けを叩《たた》いてくるわけです。ですから、消費税を二パーセント、三パーセントと上げることになると、「その分だけ値引きしろ」と言われるので、下請けは赤字になります。

トヨタのように大きなところで一兆円、二兆円の利益が出ているといっても、そこには下請けが非常に数多くありますが、下請けのほうには値引き要求がしっかり来るわけです。ですから、下請け企業のなかには、赤字のところがたくさん

あります。泣いているところが数多くあるのです。だいたい、そういうものだと思います。

ですから、「情熱」であっても、やる気がなくなることもありますし、それから、先ほど述べた「考え方」が、マイナスの考え方をしていれば、まったく駄目になってしまうかもしれません。

また、政府は賭博場《とばくじょう》なども開こうとしています。ただ、これについても、これで堕落《だらく》する人が大勢出てくる恐《おそ》れはありますし、破滅《はめつ》、破産する人も数多く出てくるかもしれないのです。

元力士の人で、ちょっとラスベガスとかで遊んできたことがあるけれども、あっという間にダダダーッといっていくうちに五億円も借金ができ、身を持ち崩《くず》して大変だったというようなことを言っている方もいました。

ですから、ああいうものは、はまってしまうと、人生を破滅させることがあるのです。「刑法《けいほう》」にも、そういう賭博罪というのがきちんとあるし、賭博場の開張罪、場所を開いただけでも罪と言われるわけです。ところが、今、政府はそれを行おうとしています。

また、競馬《けいば》・競輪等にも似たようなところはあります。税収を増やしたいところはあるのだろうけれども、場合によっては、国民を堕落させる気《け》もあるのです。

頑張《がんば》って努力した人の収入のほうが増えるべき

それから、努力のところについても、今は、「働き方改革」とかいうことで、「もうそんなに働かなくていい」と一生懸命《いっしょうけんめい》に言ってくれます。それは、耳には聞こえがいいのですが、「本当に大丈夫《だいじょうぶ》ですか。働かずに、その後、本当に一生面倒《めんどう》を見てくれるのですか」といえば、別に当てはないでしょう。

たまたま、過労死した人が出たとか、きついノルマを課した会社があったから、

「そういうことはよくない」といった新聞の声等に反応して言っているわけですが、誰《だれ》もがそんなところで働いているわけではありません。働かなければ収入が減っていくところはたくさんあります。そうすると、では、その面倒を見てくれるのですかといえば、政府は、「いやあ、もう予算がない」ということになったら、たちまち、〝レ・ミゼラブル〟の世界になってしまいます。ですから、まともに聞いてはいられないわけです。

たとえ、一部の企業に行きすぎなどがあったとしても、政府が労働時間から最低賃金から、すべてを決めてやれるようなことはできないということが、なぜ、まだ分からないのでしょうか。マルクス経済学など、それが最後に残ったのは日本ですが、世界ではとうの昔に滅《ほろ》びています。東大などでは、私が学生のときにはまだありましたが、今ではその東大でももう教えなくなっているようです。ただ、考え方のなかにすっかり入っているため、政府は〝平等〟にしてくださる、

〝全部〟してくださるのですが、これでは成功はしないのです。

もし、人間の能力が同じとするなら、やはり、多少なりとも頑張《がんば》って努力した人のほうが、収入が増えるのは当たり前のことなのです。

〝看板〟が効いているような大企業ならともかく、名もない普通の中小企業の場合、これはやはり努力するしかないのです。「ランチェスター経営」などという効率のよい経営方法もありますけれども、中小企業に当たっては、これはもう本当に、労働時間を増やすぐらいしか戦い方がないのです。大企業がたくさん休んでいるのなら、その間、もっと働かなければいけないのです。

例えば、大手のゼネコンが請け負っている仕事などは、工事現場においては「××組」というような、もっと小さな下請けがやっていると思います。普通、オフィスは土日には閉まっているところが多いでしょうが、そういう下請けあたりになると、働かなければ、やはりその仕事がなくなりますので、納期が迫《せま》ってきたら、土曜でも日曜でも休日でも働いていることが多いのです。締切《しめきり》が六月末だとすれば、その前には雨が降るかもしれないし、台風が来るかも分かりません。何があるか分からないため、間に合わなくならないように、少しでも早く進めておかないと駄目なのです。

もし納期を守れなかったら、罰金《ばっきん》をかけられペナルティがかかってくるので、会社が潰《つぶ》れる可能性もあるということです。

ですから、政府は「働くな」と言うかもしれませんが、そうは言っても、働かずにいて、もし契約《けいやく》違反ということになり、その後、秋以降には仕事がないということになったら、全員解雇《かいこ》される可能性もあるわけです。そこまで補償《ほしょう》してくれるかといえば、してくれるわけではないのです。失業保険が多少は出るかもしれませんが、補償はしてくれません。

やはり、自分たちで考えて、会社相応の正しいことをしなければいけないわけです。

稲盛氏はそういうふうな、先ほども述べた、情熱×考え方×努力が成功の方程式というように言っています。

ただ、私が京都にいたとき、就職先を探している知り合いの京大生からこんな話を聞きました。「京セラはどうなんですか」と訊《き》いたところ、「あそこは帰りが遅《おそ》く残業がきついので、もう血の小便が出る」と言われたそうです。京都でそれほど働くところはないのに、「夜十一時までは絶対に働かされる」というようなことを聞いたのです。もっとも、これは当時の話なので、今どうなっているかは知りませんが、そう聞きました。経営者本人は、そういうことは言わないものですけれども、「努力」のなかには、実際には「帰れない残業」も入っている可能性もあります。

さまざまなところがあるので、全体がそうであるかは何とも言えません。

7 「運命の支配者」となるための「縁起《えんぎ》の理法《りほう》」

努力する人には運命を好転させる力がある

やはり、この世での原因・結果の法則から逃《のが》れることはできないのです。稲盛《いなもり》氏も、「『運命』はあるかもしれないけれども、『宿命《しゅくめい》』というのはないのだ。全部が決定し、死ぬまでのことがすべて決定しているということはないのだ」ということを繰《く》り返し言っています。

それは、稲盛氏が大学を卒業した一九五五年ごろはやや不況《ふきょう》だったこともあり、会社がバタバタと潰《つぶ》れていき、いいところに就職ができなかった年でもあったと思いますし、大企業《だいきぎょう》をつくったものの、自分自身は大阪《おおさか》大学を受験しても受からず、地方の鹿児島《かごしま》大学を卒業したというあたりで、いろいろと気にするところもあったのだろうとは思います。それでもやはり稲盛氏は、私が述べてきたことと同じで、「努力に勝《まさ》る天才なし」を地《じ》で行《い》ったのだろうと思います。

そういうことがあるので、「運命がある」という考えを信じる人は、宗教的な人にもわりあい多いのですが、もう一つには、「縁起《えんぎ》の理法《りほう》」があります。やはり、物事には原因と結果というものがあり、努力した人には運命を好転させていく力があるのであって、決定的な宿命のようなものがあると思ってはいけないということです。仏教でもそのようには言っていないのだということです。仏教は「縁起の理法」という教えを入れているので、決定論としての宿命などというのは認めていないということです。

ですから、いい素質を持って生まれたり、いい家に生まれたり、チャンスが多いところに生まれたりしたならば、それは、いい流れには入っているけれども、それが最終的に成功することを意味しているわけではないのです。やはり、あくまでも、幸運の女神《めがみ》の前髪《まえがみ》をつかんだら離《はな》さずに、努力をしなければならないのです。

社長になると「月月火水木金金」は当たり前

例えば、会社の社長なら社長で、「社長という役職にさえ就《つ》けば、もうあとは安泰《あんたい》だ」と思っているような人はたくさんいるかもしれませんが、そんなことはありません。社長ほど責任の重いものはなく、努力しなければいけないということです。それはもう当たり前のことなのです。

倒産《とうさん》するときには、大企業では違《ちが》うかもしれませんが、日本のほとんどのところ、中小企業の場合は連帯保証であり、社長の財産と会社のほうが連結していますので、会社が潰れたら社長も一文無《いちもんな》しになるということをみな認めています。

その場合はもう逃《に》げられないのです。

欧米型《おうべい》であれば、会社だけが潰れても別に構わないし、売ることもできるので楽ですが、日本の場合、社長が連帯保証人になっていることが多いので、会社と〝心中《しんじゅう》〟するパターンがほとんどです。

ですから、そういうことであれば、必死で努力せざるをえないわけです。社長などになると、一週間が「月月火水木金金」になるのは当たり前のことで、〝演習〟に〝演習〟を励《はげ》まなければいけなくなってくるわけです。このあたりを知らなくてはいけません。

天皇家であっても決定論ではなく、徳をつくる努力は要《い》る

今、天皇は形式上、実際上の政治権力を持たず、象徴的《しょうちょう》に存在すればよいことになっています。皇室もそうだと思っているし、イギリスなどもそう思われてい

るかもしれないし、徳川《とくがわ》の将軍家もそうだったかもしれません。しかし、現実には、そういうところはいちおうないのです。

天皇家でも、やはり、いちおう戒律《かいりつ》のようなものはあって、皇室としての品位を保たなければいけないし、税金が入っているので、もし、税金が変な使い方をされていたならば、追及《ついきゅう》されます。今の週刊誌は皇室であっても許さずに追及していきます。ですから、そのへんのことを勉強する努力は要《い》るし、やはり行動を慎《つつし》まなければいけません。

皇太子であろうが皇太弟《こうたいてい》であろうがよいのですが、パチンコ屋へ行ってパチンコをする自由は、はっきり言ってありません。それはないと思います。警察官が周りにズラッと立っていて、パチンコなどできるわけがありません。

皇室では東大に行った人は長らくいませんが、そもそも学習塾《じゅく》にはやはり行けないといいます。「○○宮様、ご順位三十三番、□□点です」というようなものを貼《は》り出されるわけにはいかないので、塾にも行けないと言われています。それはそうだろうと思います。

ですから、そのあたりの厳しさはあるということです。「節制する」など、そういう努力、徳をつくる努力は要ると思います。

そういうことで、幸福の科学においても、過去世《かこぜ》リーディングなどをされて、「偉《えら》かった」とか言われたり、今世《こんぜ》で偉くなったりする人もいるかもしれませんし、過去に当会の理事長をした人もたくさんいて、十人以上はいると思うのですが、その人も、死ぬまで見なければどうなるかは分かりません。

理事長でときどき活躍《かつやく》したかもしれなくても、例えば辞《や》めたあとは幸福の科学に反旗《はんき》を翻《ひるがえ》し、悪口を言って回って、死ぬまでずっと言っていたようなことだったら、これは、先ほどの『法華経《ほけきょう》』の（一闡提《いっせんだい》についての）精神から言えば、その人を救わなければならない理由はないわけです。かつて理事長としては貢献《こうけん》したかもしれないけれども、その後、マイナスの行動がずっと続いたというのであれば、どうなるかは、それは死んでみないと分からないということもあるわけです。

そういうことなので、全部が決定論ということではありませんから、すでに与《あた》えられているものは変えられないものが多いとしても、そういうふうに努力してください。

努力する者に運命の追い風は吹《ふ》く

また、麻薬《まやく》や覚醒剤《かくせいざい》などでトリップして、幽体離脱《ゆうたいりだつ》経験等をするような人も、やはり多いです。アメリカではヒッピー系の、仏教にやや近いヒッピーなどのなかにもそういう人が多いですし、インドでもそういうことをやっている人はたくさんいます。「タバコを吸っているのかな」と思ったら麻薬をやっていたような修行者《しゅぎょうしゃ》が石窟《せっくつ》のようなところから出てくるのを、私も見たことがありますけれども、おそらく幽体離脱の経験をするのだろうと思うのです。

それであの世を見てきたような感じがするので、悟《さと》りを開いたような気になるのだろうと思うのですが、これはやはり「まやかし」であって、本当の悟りではありません。そういう状態で悟っていると思うならば、これは「まやかし」なので、やはり、イージーな道、安易な道はどこにもないのだということです。

やはり、一歩一歩、努力をしていく者が真実であり、「運命だ」などと思っていたものについても、実は、努力する者に運命の追い風は吹《ふ》くのであって、結論にしかすぎないことが多いのだということです。

そういうことで、自分に厳しく、他人《ひと》に優《やさ》しくあってください。

幸田露伴《こうだろはん》の「幸運を引き寄せる考え方」

幸田露伴《こうだろはん》も次のようなことを述べています。

「よい結果が来たら、『これは運がよかったのだ』となるべく思え。失敗したら、『これは自分自身の責任だ』と思え。

長く人生を見てきたら、そういうふうに思っている人がだいたい幸運を引き寄せている。福を呼ぶのはこういう考え方なのだ。単純ではあるが、そうなのだ。

失敗したら、『これは他人のせいだ』と言い、『あいつのせいで失敗したんだ』『あの人が裏切った』『この人……』『景気が悪かった』『会社の方針が悪かった』『社長が悪かった』とか、こういうことを言うような人は、どこへ行っても同じになって、もともとはよくてもだんだん駄目《だめ》になっていくのだ。

ところが、成功したら、『これは運がよかったのですな』と言い、失敗したら、『これは私の努力不足です』とすぐに言えるような人、こういう人は、やはり、幸運を必ずだんだん引き寄せるようになっている。見ているとみなそうなのだ」

そのように言っています。幸田露伴自身も、家庭の問題があって正規の勉強ができず、独学の人でしたし、北海道あたりで働いていたのを、東京まで歩いて帰ってくるような、そんな厳しい経験もしている方だと思いますが、現実にやはり努力をしていればこそ、成功なさったのだと思うのです。それが、当時、「百年に一人の頭脳」とまで言われた方なのです。

決定論にすがらず、転んでも這《は》い上がって成功への道を拓《ひら》く

このようなことは、私も若いころから実践《じっせん》してきたことなのですが、嘘《うそ》がないのです。本当にそのとおりでした。

ですから、もし、自分が成功しているのであれば、「これは運がいいな」と思ったほうが、やはりよいのです。こういうときに、「私は生まれつきの頭がよい。もう生まれつき神様だから、仏様だからこうなのだ」という感じで思っていたら、それは間違いのもとであり、あっという間に転落するのです。

私も、「いや、そんなことはないんです。私は、もともと生まれは平凡《へいぼん》です。田舎《いなか》に生まれて、田舎の普通《ふつう》の子です。両親だって突出《とっしゅつ》した人ではないので、そういうところで努力しながらやってきました」ということをいつも言っています。

「自分は特別な人間だから、こんな成功するのは当然だ」というのであれば、「エル・カンターレだったら、努力しなくても思っただけですべて成功するでしょう?」と言われて、それでもいいわけですが、この人間界はそういうふうにはなっていないのだということです。やはり、努力しなければなりません。

失敗した場合に、その責任をどこまで自分が感じられるかという「責任の幅《はば》の大きさ」が、やはりその人の器《うつわ》を示すわけです。すぐに言い逃れをしたり言い訳をしたりするような人たちは、残念ながら器が小さく、大成功するには向かない人です。

ですから、マルクス主義経済学的なものというか、共産主義とかは、人間をあまり幸福にしないということで、私は批判しています。人道主義や人権主義はそちらのほうに行き着くことがやはり多いのですけれども、結果は悪くなることが多いのです。実際、会社などでも人間の判断で失敗しているケースが数多いので、そうした幸田露伴的な考え方をよく持ってください。そう思います。

決定論にすがらず、運についてもまた、自分の常勝《じょうしょう》思考、「常に勝つためには、転んでもわらしべをつかんで這《は》い上がり、そこから成功への道を拓《ひら》くことを考える」、これが大事であるということです。

人間の運命について語りました。

運命の支配者となるためには、自分自身が縁起の理法を信じて生きていくことが大事です。

そして、結果については、例えば過去世について言われたことや、生まれる前に占《うらな》い師に言われたようなことで成功を収めたとしても、「まあ、それは当然でしょうね。私はこれだけ努力してきましたから」と言えるような自分でありたいし、みなさんにもお伝えしたいと思っています。

本章は「運命論概論《がいろん》」のような話になりました。考え違いをしている人があちこちに見られます。過去世で偉い神様であったり仏様であったりしてもいいのですが、それだけですべては決まらないということを知っておいていただきたいと思います。

あとがき

正しい霊的人生観を持たずに生きた人は、学歴、地位、財産にかかわらず「賢《けん》者《じゃ》」とは言えない。

また神仏の存在を忘れ果てて、「大きな政府」を神の如《ごと》く信じて、バラまきに頼って生きていく人生も、哀《あわ》れというしかない。我々は池の鯉《こい》ではないのだ。

正しい信仰観を持ち、努力によって運命を好転させようと精進《しょうじん》している人を神仏は見放さない。

自己保身と政府まかせのかわりに、自助努力と自己責任と自由、成功のための運命観を持つべきである。
与えられた百年程度の人生を、日々の改善で良くしていくことだ。

二〇二〇年　十一月十七日

幸福《こうふく》の科学《かがく》グループ創始者兼総裁《そうししゃけんそうさい》　大川隆法《おおかわりゅうほう》

『人として賢く生きる』関連書籍

『新しい霊界入門』（大川隆法 著　幸福の科学出版刊）
『われ一人立つ。大川隆法第一声』（同右）
『自助論の精神』（同右）
『悟りを開く』（同右）
『心眼を開く』（同右）
『渡部昇一「天国での知的生活」と「自助論」を語る』（同右）
『幸田露伴かく語りき』（同右）

人《ひと》として賢《かしこ》く生きる――運命を拓く真実の信仰観――

2020年12月2日　初版第1刷

著　者　　大《おお》川《かわ》隆《りゅう》法《ほう》

発行所　　幸福の科学出版株式会社

〒107-0052 東京都港区赤坂2丁目10番8号
TEL(03)5573-7700
https://www.irhpress.co.jp/

印刷・製本　株式会社 堀内印刷所

落丁・乱丁本はおとりかえいたします

ISBN978-4-8233-0230-5 C0030
カバー FocusStocker / Shutterstock.com
装丁・イラスト・写真（上記・パブリックドメインを除く）© 幸福の科学

大川隆法ベストセラーズ・未来を拓く自助努力の精神

自助論の精神

「努力即幸福」の境地を目指して

運命に力強く立ち向かい、「努力即幸福」の境地へ──。嫉妬心や劣等感の克服、成功するメカニカルな働き方等、実践に裏打ちされた珠玉の人生訓を語る。

1,600円

私の人生論

「平凡からの出発」の精神

「努力に勝る天才なしの精神」「信用の獲得法」など、著者の実践に裏打ちされた珠玉の「人生哲学」が明かされる。人生を長く輝かせ続ける秘密がここに。

1,600円

大川隆法
東京ドーム講演集

エル・カンターレ「救世の獅《し》子《し》吼《く》」

全世界から5万人の聴衆が集った情熱の講演が、ここに甦る。過去に11回開催された東京ドーム講演を収録した、世界宗教・幸福の科学の記念碑的な一冊。

1,800円

新しき繁栄の時代へ

地球にゴールデン・エイジを実現せよ

アメリカとイランの対立、中国と香港・台湾の激突、地球温暖化問題、国家社会主義化する日本──。混沌化する国際情勢のなかで、世界のあるべき姿を示す。

1,500円

幸福の科学出版

大川隆法 霊言シリーズ・人生を好転させる秘訣

渡部昇一 「天国での知的生活」と「自助論」を語る

未来を拓く鍵は「自助論」にあり──。霊界での知的生活の様子や、地上のコロナ禍に対する処方箋など、さまざまな問題に"霊界評論家"渡部昇一が答える。

1,400円

大恐慌時代を生き抜く知恵

松下幸之助の霊言

政府に頼らず、自分の力でサバイバルせよ! 幾多の試練をくぐり抜けた経営の神様が、コロナ不況からあなたを護り、会社を護るための知恵を語る。

1,500円

稲盛和夫守護霊が語る 仏法と経営の厳しさについて

実戦で鍛えられた経営哲学と、信仰で培われた仏教精神。日本再建のカギとは何か──。今、大物実業家が、日本企業の未来にアドバイス!

1,400円

幸田露伴かく語りき

スピリチュアル時代の＜努力論＞

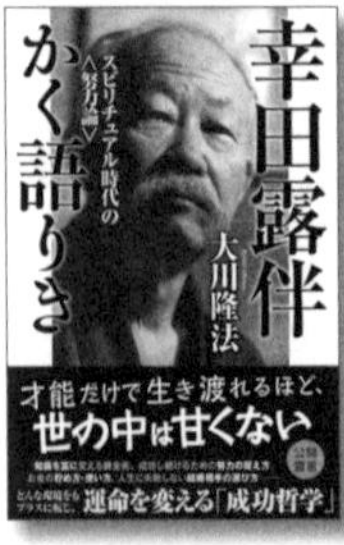

努力で破れない運命などない! 電信技手から転身し、一世を風靡《ふうび》した明治の文豪が語る、どんな環境をもプラスに転じる「成功哲学」とは。

1,400円

※表示価格は本体価格(税別)です。

心眼を開く

心清らかに、真実を見極める

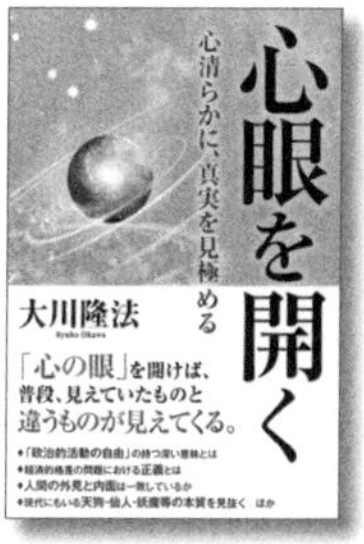

心眼を開けば、世界は違って見える──。個人の心の修行から、政治・経済等の社会制度、「裏側」霊界の諸相まで、物事の真実を見極めるための指針を示す。

1,500 円

「呪い返し」の戦い方

あなたの身を護る予防法と対処法

あなたの人生にも「呪い」は影響している──。リアルな実例を交えつつ、その発生原因から具体的な対策まで解き明かす。運勢を好転させる智慧がここに。

1,500 円

魔法と呪術の可能性とは何か

魔術師マーリン、ヤイドロン、役小角の霊言

英国史上最大の魔術師と、日本修験道の祖が解き明かす「スーパーナチュラルな力」とは？ 宗教発生の原点、源流を明らかにし、唯物論の邪見を正す一書。

1,400 円

源《みなもとの》頼《らい》光《こう》の霊言

鬼退治・天狗妖怪対策を語る

鬼・天狗・妖怪・妖魔は、姿形を変えて現代にも存在する──。大江山の鬼退治伝説のヒーローが、1000年のときを超えて、邪悪な存在から身を護る極意を伝授。

1,400 円

大川隆法ベストセラーズ・霊界の真実

永遠の法

エル・カンターレの世界観

すべての人が死後に旅立つ、あの世の世界。天国と地獄をはじめ、その様子を明確に解き明かした、霊界ガイドブックの決定版。

2,000円

あなたの知らない地獄の話。

天国に還るために今からできること

無頼漢、土中、擂鉢《すりばち》、畜生、焦熱、阿修羅、色情、餓鬼、悪魔界――、現代社会に合わせて変化している地獄の最新事情とその脱出法を解説。

1,500円

地獄に堕ちた場合の心得

「あの世」に還る前に知っておくべき智慧

身近に潜む、地獄へ通じる考え方とは？地獄に堕ちないため、また、万一、地獄に堕ちたときの「救いの命綱」となる一冊。〈付録〉中村元・渡辺照宏の霊言

1,500円

新しい霊界入門

人は死んだらどんな体験をする？

あの世の生活って、どんなもの？ すべての人に知ってほしい、最先端の霊界情報が満載の一書。渡部昇一氏の恩師・佐藤順太氏の霊言を同時収録。

1,500円

※表示価格は本体価格（税別）です。

大川隆法シリーズ・最新刊

文豪たちの明暗

太宰治、芥川龍之介、坂口安吾、川端康成の霊言

日本を代表する４人の作家たちの死後の行方とは？「光の芸術」と「闇の芸術」の違い、作品の価値観が天国と地獄のどちらに属するかを見抜くための入門書。

1,400 円

何を以《も》って愛とするか

ジョン・レノンの霊言

ジョン・レノンが体現した「ロックの精神」、そして「愛」「自由」とは？ オノ・ヨーコ守護霊の霊言、楽曲歌詞〈ジョン・レノンから贈る言葉〉を同時収録。

1,400 円

天照大神よ、神罰は終わったか。

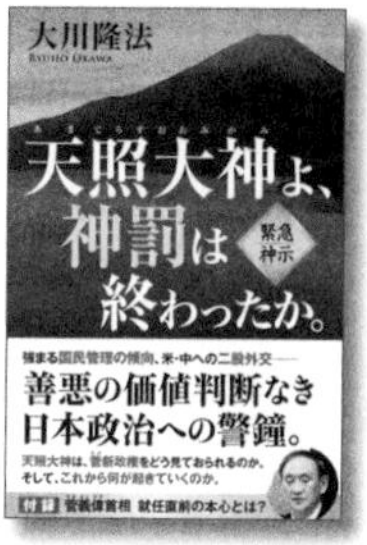

コロナ禍、経済不況、相次ぐ天災——。天照大神から全国民へ、危機の奥にある天意と日本の進むべき道が示される。〈付録〉菅義偉総理 就任直前の守護霊霊言

1,400 円

UFOリーディング 地球の近未来を語る

2020年に著者が接近遭遇したUFOと宇宙人のリーディング集。敵方宇宙人や、防衛担当宇宙人、メシア型宇宙人など、8種類の宇宙人が語る地球文明の危機と未来。

1,400 円

幸福の科学出版

大川隆法「法シリーズ」・**最新刊**

鋼鉄の法

法シリーズ
第26作

人生をしなやかに、力強く生きる

自分を鍛え抜き、迷いなき心で、闇を打ち破れ──。
人生の苦難から日本と世界が直面する難題まで、さまざまな試練を乗り越えるための方法が語られる。

2,000円

第１章　繁栄を招くための考え方
──マインドセット編

第２章　原因と結果の法則
──相応の努力なくして成功なし

第３章　高貴なる義務を果たすために
──価値を生んで他に貢献する「人」と「国」のつくり方

第４章　人生に自信を持て
──「心の王国」を築き、「世界の未来デザイン」を伝えよ

第５章　救世主の願い
──「世のために生き抜く」人生に目覚めるには

第６章　奇跡を起こす力
──透明な心、愛の実践、祈りで未来を拓け

幸福の科学の中心的な教え──「法シリーズ」

好評発売中！

幸福の科学出版　　※表示価格は本体価格（税別）です。

マドリード国際映画祭
長編外国語映画部門
最優秀作品賞
レインダンス映画祭
特別上映作品
サンディエゴ国際映画祭
公式選出作品
夜明けを信じて。
すべてを捨て、ただ一人往く。
10.16
Roadshow
製作総指揮・原作 大川隆法
田中宏明 千眼美子 長谷川奈央 並樹史朗 窪塚俊介 芳本美代子 芦川よしみ 石橋保
監督／赤羽博 音楽／水澤有一 脚本／大川咲也加 製作／幸福の科学出版 製作協力／ARI Production ニュースター・プロダクション
制作プロダクション／ジャンゴフィルム 配給／日活 配給協力／東京テアトル © 2020 IRH Press
NIKKATSU
https://yoake-shinjite.jp/

幸福の科学グループのご案内

宗教、教育、政治、出版などの活動を通じて、地球的ユートピアの実現を目指しています。

幸福の科学

一九八六年に立宗。信仰の対象は、地球系霊団の最高大霊、主エル・カンターレ。世界百四十カ国以上の国々に信者を持ち、全人類救済という尊い使命のもと、信者は、「愛」と「悟り」と「ユートピア建設」の教えの実践、伝道に励んでいます。

（二〇二〇年十一月現在）

愛

幸福の科学の「愛」とは、与える愛です。これは、仏教の慈悲《じひ》や布施《ふせ》の精神と同じことです。信者は、仏法真理をお伝えすることを通して、多くの方に幸福な人生を送っていただくための活動に励んでいます。

悟り

「悟り」とは、自らが仏の子であることを知るということです。教学《きょうがく》や精神統一によって心を磨き、智慧《ちえ》を得て悩みを解決すると共に、天使・菩薩《ぼさつ》の境地を目指し、より多くの人を救える力を身につけていきます。

ユートピア建設

私たち人間は、地上に理想世界を建設するという尊い使命を持って生まれてきています。社会の悪を押しとどめ、善を推し進めるために、信者はさまざまな活動に積極的に参加しています。

国内外の世界で貧困や災害、心の病で苦しんでいる人々に対しては、現地メンバーや支援団体と連携して、物心両面にわたり、あらゆる手段で手を差し伸べています。

年間約２万人の自殺者を減らすため、全国各地で街頭キャンペーンを展開しています。

公式サイト **www.withyou-hs.net**

自殺防止相談窓口

受付時間　火～土:10～18時（祝日を含む）

TEL **03-5573-7707**　メール **withyou-hs@happy-science.org**

ヘレン・ケラーを理想として活動する、ハンディキャップを持つ方とボランティアの会です。視聴覚障害者、肢体不自由な方々に仏法真理を学んでいただくための、さまざまなサポートをしています。

公式サイト **www.helen-hs.net**

入会のご案内

幸福の科学では、大川隆法総裁が説く仏法真理《ぶっぽうしんり》をもとに、「どうすれば幸福になれるのか、また、他の人を幸福にできるのか」を学び、実践しています。

入会

仏法真理を学んでみたい方へ

大川隆法総裁の教えを信じ、学ぼうとする方なら、どなたでも入会できます。入会された方には、『入会版「正心法語《しょうしんほうご》」』が授与されます。

ネット入会　入会ご希望の方はネットからも入会できます。

happy-science.jp/joinus

三帰《さんき》誓願《せいがん》

信仰をさらに深めたい方へ

仏弟子としてさらに信仰を深めたい方は、仏《ぶっ》・法《ぼう》・僧《そう》の三宝《さんぼう》への帰依を誓う「三帰誓願式」を受けることができます。三帰誓願者には、『仏説・正心法語』『祈願文《きがんもん》①』『祈願文②』『エル・カンターレへの祈り』が授与されます。

幸福の科学 サービスセンター

TEL 03-5793-1727

受付時間／火～金:10～20時　土・日祝:10～18時（月曜を除く）

幸福の科学 公式サイト happy-science.jp

仏法真理塾「サクセスNo.1」

全国に本校・拠点・支部校を展開する、幸福の科学による信仰教育の機関です。小学生・中学生・高校生を対象に、信仰教育・徳育にウエイトを置きつつ、将来、社会人として活躍するための学力養成にも力を注いでいます。

TEL 03-5750-0751（東京本校）

エンゼルプランV

東京本校を中心に、全国に支部教室を展開しています。信仰に基づいて、幼児の心を豊かに育む情操教育を行っています。また、知育や創造活動を通して、子どもの個性を大切に伸ばし、天使に育てる幼児教室です。

TEL 03-5750-0757（東京本校）

不登校児支援スクール「ネバー・マインド」

TEL 03-5750-1741

心の面からのアプローチを重視して、不登校の子供たちを支援しています。

ユー・アー・エンゼル！（あなたは天使！）運動

障害児の不安や悩みに取り組み、ご両親を励まし、勇気づける、障害児支援のボランティア運動を展開しています。

一般社団法人 ユー・アー・エンゼル

TEL 03-6426-7797

NPO活動支援

いじめから子供を守ろうネットワーク

学校からのいじめ追放を目指し、さまざまな社会提言をしています。また、各地でのシンポジウムや学校への啓発ポスター掲示等に取り組む一般財団法人「いじめから子供を守ろうネットワーク」を支援しています。

公式サイト mamoro.org　ブログ blog.mamoro.org

相談窓口 TEL.03-5544-8989

百歳まで生きる会

「百歳まで生きる会」は、生涯現役人生を掲げ、友達づくり、生きがいづくりをめざしている幸福の科学のシニア信者の集まりです。

シニア・プラン21

生涯反省で人生を再生・新生し、希望に満ちた生涯現役人生を生きる仏法真理道場です。定期的に開催される研修には、年齢を問わず、多くの方が参加しています。
全世界212カ所（国内197カ所、海外15カ所）で開校中。

【東京校】 TEL 03-6384-0778　FAX 03-6384-0779

メール senior-plan@kofuku-no-kagaku.or.jp

幸福実現党

内憂外患《ないゆうがいかん》の国難に立ち向かうべく、2009年5月に幸福実現党を立党しました。創立者である大川隆法党総裁の精神的指導のもと、宗教だけでは解決できない問題に取り組み、幸福を具体化するための力になっています。

幸福実現党 釈量子サイト **shaku-ryoko.net**
Twitter **釈量子@shakuryoko**で検索

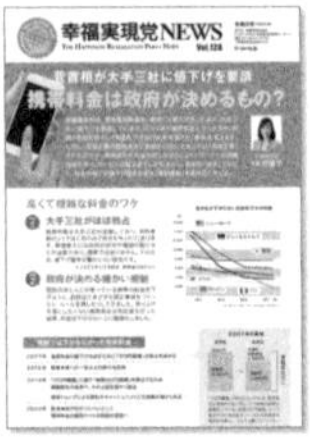

党の機関紙
「幸福実現党NEWS」

幸福実現党 党員募集中

あなたも幸福を実現する政治に参画しませんか。

○幸福実現党の理念と綱領、政策に賛同する18歳以上の方なら、どなたでも参加いただけます。
○党費:正党員(年額5千円[学生 年額2千円])、特別党員(年額10万円以上)、家族党員(年額2千円)
○党員資格は党費を入金された日から1年間です。
○正党員、特別党員の皆様には機関紙「幸福実現党NEWS(党員版)」(不定期発行)が送付されます。

*申込書は、下記、幸福実現党公式サイトでダウンロードできます。
住所:〒107-0052 東京都港区赤坂2-10-8 6階 幸福実現党本部
TEL **03-6441-0754** FAX **03-6441-0764**
公式サイト **hr-party.jp**

幸福の科学出版

大川隆法総裁の仏法真理の書を中心に、ビジネス、自己啓発、小説など、さまざまなジャンルの書籍・雑誌を出版しています。他にも、映画事業、文学・学術発展のための振興事業、テレビ・ラジオ番組の提供など、幸福の科学文化を広げる事業を行っています。

アー・ユー・ハッピー？
are-you-happy.com

ザ・リバティ
the-liberty.com

幸福の科学出版
TEL **03-5573-7700**
公式サイト **irhpress.co.jp**

THE FACT

ザ・ファクト
マスコミが報道しない
「事実」を世界に伝える
ネット・オピニオン番組

YouTubeにて
随時好評
配信中！

ザ・ファクト 検索

NEW STAR PRODUCTION

ニュースター・プロダクション

「新時代の美」を創造する芸能プロダクションです。多くの方々に良き感化を与えられるような魅力あふれるタレントを世に送り出すべく、日々、活動しています。 公式サイト **newstarpro.co.jp**

ARI《アリ》 Production《プロダクション》

タレント一人ひとりの個性や魅力を引き出し、「新時代を創造するエンターテインメント」をコンセプトに、世の中に精神的価値のある作品を提供していく芸能プロダクションです。 公式サイト **aripro.co.jp**

大川隆法　講演会のご案内

大川隆法総裁の講演会が全国各地で開催されています。講演のなかでは、毎回、「世界教師」としての立場から、幸福な人生を生きるための心の教えをはじめ、世界各地で起きている宗教対立、紛争、国際政治や経済といった時事問題に対する指針など、日本と世界がさらなる繁栄の未来を実現するための道筋が示されています。

2019年12月17日 さいたまスーパーアリーナ「新しき繁栄の時代へ」

2019年10月6日 ザ ウェスティン ハーバーキャッスル トロント(カナダ)
「The Reason We Are Here」

2019年7月5日 福岡国際センター
「人生に自信を持て」

2019年3月3日 グランド ハイアット 台北(台湾)
「愛は憎しみを超えて」

2019年7月13日 ホテル イースト21 東京
「幸福への論点」

講演会には、どなたでもご参加いただけます。
最新の講演会の開催情報はこちらへ。 ⟹

大川隆法総裁公式サイト
https://ryuho-okawa.org